대자연 탈출 기계자(奇計者)
사기친 바울

온 자연현상 인용자(認容者)
사기당한 예수

일러두기

- 이 책에서 인용한 성경구절은 《개역한글 성경》과 《흠정역 성경》(King James 버전)을 사용하였습니다.
- 저자의 글이 출판사와 편집자의 의견과 일치하지 않을 때에는 저자의 뜻을 반영하였습니다.
- 본서는 저자의 맑은 마음과 평정심으로 성역 없이 표현한 내용임을 밝힙니다.
- 저자 E-Mail은 kikyoonkim@gmail.com입니다.

사기친 바울
대자연 탈출 기계자(奇計者)

사기당한 예수
온 자연현상 인용자(認容者)

金基均 著

하늬바람에 엮다

머리말

나이 60대 중반, 그러니까 어릴 때 모친과 경북 영양군 영양읍 교회에 다니면서부터 60년 가까이 교회 생활을 하던 그때의 중반에 일이 터졌다. 그간 좀더 가까이 더 깊게 신앙생활을 성경 말씀에 밀착시켜 믿음 좋다는 자평을 하려던 그때의 중반에, 긴 가민가하던 신앙 행동거지에 제동이 걸렸다는 말이다. 이 책 各긆 I의 却 제25화에서 제동 걸린 체험을 썼다.

30대 전후 《신약성경》 33회와 《구약성경》 3회를 정독, 통독했고, 필요 내용을 별도로 파고들었던 지난 60여 년의 기독 신자로서의 소회를 비판한 내용으로 이 책 곳곳에 흔적을 남겼다. 한마디로 성경으로선 서불진언(書不盡言: 글이 말을 다하지 못함)하며 언불진의(言不盡意: 말이 뜻을 다하지 못함)함엔 이의가 없다고 하겠다. 또 한편 복불택가(福不擇家: 복은 특별인에게 가지 않음)하며 화불색인(禍不索人: 재앙은 미운 사람을 찾아다니지 않음)임을 예수의 말(〈마태복음〉 5장 45절)에서 눈이 뜨였다. 그러니까 노자의 말로 거짓말은 통하지 않는다는 "천망은 회회소이불루(설)(天網 恢恢疎而 不漏(泄): 하늘 섭리는 빈틈이 없음)"를 깨달았다. 말하자면 노·장자의 말마따나 천도무친(天道無親: 하늘의 도는 공평, 공정함)이요 조선조 정암 조광조(한양 조씨)의 말 식대로는 천도무간(天道無間: 自然이나 하늘의 다스림에는 편애가 없음)임을 파악했음이다. 한마디로 예수의 말을 빌려보면, 일월지명무사 고막부득광(日月之明無私 故莫不得光: 해와 달의 비침은 사사로움이 없기에 어느 때 어디서나 살게 해준다는 뜻이 들어 있음)이라는 명제가 필자의 마음과 머리를 포위했다.

그런데 바울의 여러 설(그의 서신 10여 종)을 더듬어 살피니 너무나도 예수의 말과 하늘의 도(道), 즉 창조주 하나님 아버지의 뜻과는 거리가 서울에서 삼천포 거리보다 더 멀었다. 그래서 지금부터 10여 년 전에 바울을 고발 및 고소하기로 마음먹고 한국인 1,500명과 외국인 500명을 모집단으로 설문 20여 항목으로써, 다시 말해 외국 방문을 50 안팎 나라를, 몇 번의 한국 방문과 필자 거주 지역을 중심으로 몇 개 주를 오가면서 마음(즉, 신앙 포함)을 떠보았다. 조사 내용을 중간중간에 맛을 보였으니 참조 바란다.

옹글 I에 25개로 쓴소리를 나열(列言)했고 옹글 II엔 바울의 5대 오도론(誤導論: 잘못 가르침)과 옹글 III엔 바울의 5대 혹세론으로 욕을 독자들로부터 바가지를 얻어먹을 셈치고 또는 뭇매를 집단으로부터 맞을 각오를 하고 써 보았다. 내용에선 말도 안 되는 얼토당토않은 내용도 있을 테고 약간은 고개가 끄덕여질 내용도 있을 것이다.

어쨌거나 좋다. 필자 나이 70 중반이 넘었으니 칠십파유여요 팔십상부족(七十頗有餘 八十尙不足: 70에서 몇 살 더 되었으나 80은 아직 되지 못함)하다 보니 감옥으로 또는 고발이나 고소로 보상이나 배상금 받을 생각은 말기를 바란다. 벌써 몇 년 전에 은퇴를 해서 돈이 없다.

총합적으로 말하고 싶은 것은 바울의 유튜브식 방송에 세뇌되지 마라. 유튜브 방송 원조 바울은 (여러분) 기독교 신자들의 뇌를 어지럽게 하고 하나님과 직접 소통하게 함을 여러 신학론으로 차단시켜 놓았으니 빨리 정규방송으로 돌아오시라! 무슨 말인고 하니 하나님과 직접 자연 섭리의 길에서 만끽하며 삶을 가지란 말이다. 바울이 특종으로 보도한 부활이나 죄의 용서함 그리고 끝날에 선악 간의 심판이란 속보가 오보임을 깨닫고 중보자(구세주) 없이도 사람은 하나님 품속으로 가는 신분임을 깨닫기 바란다. 아무리 필자가 살피고 또 탐색해 보았지만 바울은 진정한 성골 유대인이 아님을 감지했다. 〈사도행전〉과 〈로마서〉 그리고 여러 서신을 검색한 결과로서 말이다. 특히 속보로 띄웠다가 정정보도한 〈데살로니가 전서〉의 예수가 곧 오심(재림)을 방송했다가 사회 소요로 인해 〈데살로니가 후서〉에 가서는 정정보도한 내용은 너무나 어처구니없는 혹세한 전형적인 사례다. 아무리 진리라 하여도 사람과 신(神) 사이 또는 사람과 사람 사이에 평화(평안)를 깨뜨리면 그것은 진리가 아니고 거짓이다. 궤설이고 궤변이며 참설(귀신을 좇는 일)이다. 진리는 사람과 하나님 사이를 한데 묶는 것이 아닌가? 그래서 욤늠 II와 III에서 신중하게 접근했다. 그리고 욤늠 IV에선 하스몬 왕가와 헤롯왕가 간의 혼맥관계를 적어보았다. 도표를 삽입하기도 했다.

끝으로 유첨식(부록)으로 욤늠 I의 却 제22화의 약속대로 수(數) 72에 대한 사례(72개)를 넣었다. 사람은 길인취선심로 조인취한기포(吉人醉善心露 躁人醉悍氣布: 좋은 사람은 술에 취하면 착한 마음이 일어나고 조급한 사람은 사나운 기운이 나타난다)이듯이 가능한 한 우리는 중간인(중재인이나 중간 통역자)을 끼게 하지 말고 직접 소통(자기 속에 자신을 발견)하는 유신론자(有神論者)의 명함을 갖고 생을 마름질하기 바란다.

목차

머리말 5

各言 I 단말[甘言]과 쓴말[苦言] 13

却 제1화 일신만상(一神萬相) 14
却 제2화 노상오언(路上五言) 15
却 제3화 종교가 생존이나 사후의 열쇠라도? 19
却 제4화 하늘이 무슨 말을 하던가? 21
却 제5화 천당과 지옥은 있나 없나 25
却 제6화 에덴의 아담은 그중의 1명이다 27
却 제7화 누가 뭐래도 하늘은 공정하다 28
却 제8화 허구이지만 진짜같이 자리매김 29
却 제9화 예수는 인간 중의 일원(一員), 그렇지만 32
却 제10화 풍성한 별칭 35
却 제11화 오직 안내서일 뿐이다 36
却 제12화 미림칠걸(迷林七傑) 39
却 제13화 큰일날 뻔한 기별이었다 43
却 제14화 삼인유세로 본 영생주거론(三人遊說의 永生住居論) 44
却 제15화 명당은 개개인의 마음이다 55
却 제16화 각 경(전)은 그중 하나일 뿐이다 59
却 제17화 예수가 한때 죄씻음 행사에… 63
却 제18화 들어온 놈이 동네 팔아먹는 격 66

却 제19화 꼭 예수를 통해서만 하늘나라로…? 67

却 제20화 새겨들어도 될 내용 69

却 제21화 이구동성으로…! 75

却 제22화 특정 수(數)에 갇혀 있는 경전 87

却 제23화 오십보백보다 97

却 제24화 왔던 길로 되돌아간다 101

却 제25화 필자의 체(경)험담 105

各言 II 바울의 5대 오도론(誤導論) 109

却說 제1화 원죄(론) 110

却說 제2화 만인 죄인론 112

却說 제3화 구속론(대속론) 114

却說 제4화 부활과 재림 118

却說 제5화 선택과 예정 그리고 양자입양설(說) 121

各言 III 바울의 5대 혹세론 127

却說 제1화 하와(이브)의 죄 유입설 127

却說 제2화 심판주 신분으로 하강 131

却說 제3화 믿음으로서 의롭다 함? 132

却說 제4화 신분세탁의 달인 134

却說 제5화 합리적 직통심(心)을 차단시킴 138

各言 Ⅳ 하스몬 왕가와 헤롯 왕가와의 혼맥 141

却 제1화 폭넓은 흔적 142

却 제2화 셀레우코스 왕가 144

却 제3화 에피파네스 4세 146

却 제4화 로마국(國)의 얼굴 148

却 제5화 하스몬 왕조 등장 150

却 제6화 마카비 왕조의 큰 실수(책) 152

却 제7화 헤롯가(家), 유대 전면에 등장 157

却 제8화 자세히 들여다본 헤롯인들 168

却 제9화 헤롯 아그립바 2세 169

부록

Ⅰ 헤롯왕가 도표 171

Ⅱ 수 72사례 193

책을 내면서 210

참고문헌 213

各言 I
단말[甘言]과 쓴말[苦言]

이순(耳順)이 넘도록 교회 생활을 하던 중에 성경과 바울의 신학교리 내용에 대해 자문으로 대답도 해보고, 이쪽저쪽으로 귀를 돌려 신통한 해답이 없을까 하여 방랑 아닌 신앙 유랑생활을 꽤나 했다.

여러 번역본과 대조하면서 머리 아프게 기존 신앙과 타협해 가면서 그럭저럭 넘어가려고 했으나, 숨어 있던 내심(內心)이 매복해 있다가 나타나서, 알려고 하면 정확하게 알고 죽어라 하는 질책을 하는 듯했다. 그래서 10여 년 전부터 바울에 대해, 바울이 자신의 서신 속에 기록하였던 내용을 표면으로나마 재검토하기로 하고 씨름하다가, 아래와 같은 20여 개의 항목을 쓰게 되었다. 마지막 25화의 체험담을 동기부여로 봐도 되겠다.

물론 그전부터 의문이 쌓였지만 붓을 들게 한 직접적인 동기가 그렇다는 것이다. 20여 쓴소리 열화(列話)가 설령 마음에 들지 않더라도, 절반이라도 읽는 시늉으로라도 동참해 주길 바란다. 읽다가 싫으면 중단하고 욕지거리해도 내 마음 넓으니 괜찮다.

却 제1회 일신만상(一神萬相)

지구를 포함한 우주 만물은 맞춤식으로 창조되어, 실질적이고 총체적으로 섭리하고 있는 유일신(神)은 창조주(조물주)며 생명의 근원이신 하나님이다. 우리의 아버지이신 하나님께선 눈에 띄게 일절 간섭하지는 않으나 빈틈없는 관찰로써 자연과 하늘의 질서와 법칙 속에서 차별하거나 흐트러짐 없이 지속적으로 자연과 우주 체제를 진행케 하고 있다. 창조주의 섭리 잣대의 방편은 공정과 공평 그리고 불변의 법도로써 통괄 치리(治理)한다. 특히 사람과의 관계는 유별하다는 느낌이 일어날 만큼 착각 속에, 언제나 순리(順理) 속에서 사랑을 느끼며 자발적인 감사와 마음의 소통 창구인 양심은, 이생에서 주어진 삶 동안 방향을 잃지 않게 중심 역할을 하고 있다. 필자는 이런 노선을 지향하는 자들을 '유신론적 자유인'이라 부르고 싶다.

예를 들자면 고대 중동 철인 욥, 인류의 스승들이라 불리는 불타, 노자, 공자 그리고 예수 등을 주저함 없이 콕 집을 수 있다. 이들 모두 천리(天理)를 깨친 현자(賢者) 그룹이다. 모두들 욕심을 내려놓고 자연과 대화를 나눈 흔적을 남겼다.

이에 반해 창조주 하나님의 섭리에서 뭔가 부족함과 불안한 낌새를 차리고 중보자, 수호자 등이 필요하다며 하나님과의 소통, 즉 일선천(一線天) 통로의 차단을 해결한답시고 각양각색의 상(相)을 초빙, 구비하여 생사(生死) 전후를 일임한 후 노예(종)의 위치에서 각종 종교 행위로 보험 들어놓고 하나님과 거리를 두고 있다. 필자는 이들을 '무신론적 고아'라고 부르고 싶다. 그리고 이런 자들은 그들이 청빙한 각양 상물(相物)과 생성 소멸의 노정을 걷는다. 이에 대표적인 인물이 이 책에서 집중포화를 받고 있는 바울이라고 생각한다. 무신론자의 전형적인 인물로 조명해 놓았다. 일언이폐지하고 인격신은 존재하지 않는다.

却 제2화 노상오언(路上五言)

사람들은 누구든지 스승의 말 한두 가지 이상을 마음에 간직하고 있을 것이다. 필자 또한 예수가 길거리 유세 중에 했던 내용 몇 가지가 마음에 와닿아 적어 보고자 한다.

우선 하늘의 아버지는 선악과 시비 그리고 흑백 분별엔 신경을 쓰지 않음을 대중들에게 일러 주었다(〈마태복음〉 5장 45절). 말하자면 천공평이무사(天公平而無私)하며 지공평이무사(地公平而無私)하다는 것이다. '하늘과 땅은 공평하며 사사로움이 없다'는 말 아닌가. 안도가 된다. 더 압축해서 말하면 땅에서의 일은 '너희끼리의 문제'란 말이다.

두 번째로는 소금이 만일 제맛을 잃으면 무엇으로 그것을 짜게 하겠느냐란 말이다. 이런 내용으로 번역되다 보니 보편화된 해석으로 종교, 사회 그리고 제도권과 공공(公共)의 체제 내의 부패를 끌어와서 설교나 훈계로 아랫사람을 가르친다. 이 교훈은 물론 부정과 부패 제거에 소금의 역할이 포함되겠지만, 필자는 부분적으로 달리 눈여겨본다. 뭔고 하니 사람의 오장육부에 소금이 적당량으로 들어가면 이롭지 못한 생물을 꼼짝 못 하게 한다는 것을 가르친 것이 아닌가 싶다. 필자의 경우를 봐도 싱겁게 먹는다든지 또는 짜게 먹으면 이상 신호가 오는 것을 살짝 느끼곤 한다. 아내는 나의 음식 맛을 보고 짜니 싱겁니 하는데, 거꾸로 아내 음식 맛을 볼 때에는 싱겁기도 하고 짜기도 하였다. 각자 몸에 맞는 염분 섭취가 병을 퇴치하고 건강하게 살게 하는 보약 대체 역할을 하지 않나 싶다. 왜 바닷물에 3%의 염분(바닷물 1리터에 35g의 소금이 녹아 있음)이 있겠으며, 생활환경 곳곳에 소금산맥, 소금사막, 소금간헐천, 소금기둥, 소금동굴, 소금바위, 소금호수 및 소금바다(사해나 칠레의 발티나체 호수는 소금 농도가 짙어 사람 몸이 뜨기도 하지만) 등이 있겠으며 태양계의 몇몇 행성에도 소금이 있고 행성의 위성에도 소금이 있음을 우리 모두 알고 있다. 평소에 적당량으로 몸에 맞게 섭취해 놓았더라면 'COVID-19' 같은 것이 감히 범접했겠는가? 롯의 처가 소금기둥이 되었다 하여 물욕의 화신으로 생각하겠지만《구약성경》편저자가 원래 그런 의도로 썼겠나? 당시 그곳에 소금기둥이 있었으니 물질 만능에 제동을 걸었다고 보면 어떨까? 성동격서랄까. 옛날엔 소금이 재물이었다. 적당히 먹고 적당히 가지면 건강한 생을 누릴 것이라고 교훈했던 것을!

　세 번째로는 나는 너희의 친구고 동기(同氣)니 나를 숭배하거나 신성시하지 말라는 것 아닌가(〈요한복음〉 15장 14절과 15절)? 믿으려면 하나님 아버지를 믿을 것이지 사람의 일원인 나를 경배하고 기도하다니 말이 되는가의 교훈이 아닐까 싶다. "어찌하여 나 예수나 너희들이나 모두 모친의 두 다리 밑으로 나왔는데 숭배하고 매달리니 오히려 내가 아버지 앞에 몸 둘 바를 모르겠다. 나에게 반역하란 말인가"의 교훈이 아니겠는가? 생명이 아버지께로부터 나온 것, 즉 동근(同根)이요, 우리 모두 아버지 하나님과 함께 있었던(同源) 것은 아닌가? 아버지 하나님과 예수인 나 그리고 신앙인 모두가 한뿌리(하나의 근원)에서 출발하였고 예수가 갔던 그곳으로 모두들 간다. 이 말은 태초의 인간부터 모든 인류는 한배를 타고 있다는 말 아닌가? 이는 예수가 천기누설한 첫 사람이다. 정확히 짚었던 것이다. 엄청난 얘기다. 예수 이름으로 빌어서 뭘 얻겠다는 공짜심보를 갖지 않길 바란다. 굳이 도움을 받으려면 하나님께 청원해 보려무나.

　네 번째는 영원히 우리와 함께하겠으며 그리고 다시 오겠다고 했다. 이는 바울식 육체 부활로 어느 땐가 만나자는 말이 아니었음은 불문가지다. 이생에서 살다가 죽은 후 왔던 곳(영원한 안식처인 고향)으로 가서 합류한다는 말로 들린다(歸根曰靜: 땅속 고요함 속에서 거함). 어느 누구든 예수의 말대로 인생은 죽은 후 넓은 저택(왔던 생명의 뿌리)으로 가서 영생을 누림이 우리의 최대 축복일 것이다. 바울식으로 사후 어느 때 육체 부활, 선악 간 심판 후 너는 이쪽 그대는 저쪽으로 전대미문의 후속 편이 있음은 인간에겐 최악의 저주스런 대차대조표일 것이다. 이런 식의 바울교리(신학 설계)가 성경 속에 끼여져 있다니 뭔가 신약의 첫 단추가 잘못 끼워진 것이 분명하다. 예수의 금과옥조(路上유세 교훈)는 빛이 가려져 있음에 애달프다.

끝으로 가장 놀라운 금언(金言)은 "나와 내 아버지는 하나다(我與父原爲一 또는 他與父原爲一)", 물아일체(物我一體. 物, 자아, 하나님이 하나로 얽어짐의 뜻도 있다)이다. 예수의 길거리 유세(강론)에서의 백미다. 우리나라 고유의 종교에서 말하는 인내천 사상이 이와 맥을 같이한다고 보면 어떨까? 이렇게 보면 필자도 똑같이 나와 아버지는 하나라고 선언해도 결단코 이단으로 몰리지 않을 것이다. 필자는 예수에게 빌지 않는다. 하나님께 맡긴 상태에서 소원과 찬양, 밀담까지도, 그리고 동행하는 삶을!

이상 길거리와 회당 그리고 광장에서 가르친 예수의 다섯 가지 핵심 사상을 써 보았다. 너무나 간단명료하고 이해하기 쉬워서 필자의 잡다한 필설은 촌스럽다. 예수의 길거리 강해는 신학자, 성직자나 수도사처럼(성 어거스틴, 캘빈 등의 주장은 예수의 생각과 거리가 먼 듯함) 너무 분에 넘치게 각색된 삼위일체 같은 신학론보다는 너무 알아듣기 쉬워 그들에겐 유치하게 들릴지도 모른다.

却 제3화 종교가 생존이나 사후의 열쇠라도?

불완전하고 유한한 인간이 종교심을 품고 있는 낮 동안 안전과 사후의 영원한 안식처를 구입하려는 욕망을 은밀하게 억제하고 감성을 조절해 가면서라도 가지려고 하는 사람에 대해 우리 각자는 동질감을 느낄 수 있겠다. 돌(바위)에, 나무에 그리고 저 먼 높은 산을 향해 하루의 안전과 평안을 소원한다거나, 큰 사찰이나 교회 그리고 소속 집회소에서 숭배하는 객물(客物)에게 이생과 내세를 정성스럽게 부탁함은 나쁘다거나 어리석다거나 부질없는 행동이라고 흉본다든지 비판한다든지 아니면 이기심이나 욕심을 조절하라고 조심스런 충고를 한다는 것은 힘없는 공언(空言)이다. 종교심과 인간의 7정(情)은 이율배반적이면서도 동반자로 항상 따라다닌다. 성인이라도 일생 동안 은신처에서 도 닦은 선사와 도사 그리고 수도승처럼 유한한 인간의 도(度)를 감지한다. 그러나 종교가 일시적이나마 약간의 해우소가 되고 불안과 두려움 그리고 이기심을 조절하는 데 도우미 역할은 하겠으나 영구적이고 확실한 해결책을 제시함에는 허불명전(虛不名傳)보다 실망스러운 상황에 부딪칠 수 있다. 일언이폐지하고 종교 행위로는 사는 동안이나 사후세계에 큰 영향력을 발휘함엔 역부족이라 사료된다. 차라리 예수가 깨달은 것 중 한두 가지, 즉 햇빛은 선악인을 차별 않고 고르게 비춘다거나 예수 자신이 하나님과 한 몸인 것을 알아챈 것과 같은 그러한 깨달음을 우리 또한 예수와 동일한 신분에서 천도(天道)를 파악함이 빠를 테고 창조주(主)의 섭리와 자연법칙이나 질서에 순천(順天)함이 역천(逆天)보다 생존 시의 열쇠가 됨을 체득함이 좋겠다.

그래서 하는 말인데 우리 인간이 동물보다 나약함을 드러내는 증물이 세계 도처에 오래전부터 있었다. 5,000년 전 종교적 미스터리 건축물인 영국 윌트셔(Wiltshire. 런던에서 서쪽으로 145㎞ 떨어진 지역)에 건립된 스톤헨지 또는 BC 4000년쯤에 지어진 세계에서 가장 오래된 지하사원 건축물(중앙엔 신탁이 있음)이 몰타섬에 있었다든지, 우리에게도 익숙한 해나 달 그리고 북두칠성 같은 것을 포함해서 종교가 열쇠라도 되는 양 자리잡고 있었다. 세계 곳곳에 우리 시야에서 생각하게 하는 동기를 일으키게 하니 예나 지금이나 인간 존재의 크기는 고만고만하다. 이 종교가 하나님과 직거래하려는(一線天) 통로를 차단하는 역할 그 이상 그 이하도 아니었다. 방해꾼이 바로 종교의 실체란 말이다.

또 바울을 들먹이겠다. 바울이 독창적으로 개발한 신학교리를 지킴이 얼마나 어려운고 하니, 마음속의 하나님 나라(예수 사상의 핵심)에 거함보다 어렵다는 말이다(保羅敎 隨難 難以居中心天). 종교에 매임(맹신)은 세상(이생)과 사후(저세상)를 위한 종교보험이 사생간(死生間) 틈새를 헷갈리게 하고 있다. 이 말은 오늘날 'COVID-19'보다 훨씬 치명적인 화를 던지고 있음을 필자는 감지하고 있다. 이 종교심이 몰이성화되고 불안한 평안을 가중시키고 있다. 좀더 노골적으로 말하면 종교는 백혈구와 바이러스 둘 중 하나를 선택함에 갈팡질팡하고 있다는 말이다. 백혈구는 하나님과 직통이요,

바이러스는 종교로 인한 적폐다. 심지어 극성맞을 땐 자신의 종교 성직자와 성적, 물적 교환으로 하늘나라를 보장받고 있음을 우려한다. 그건 자기(自欺: 스스로 속임) 상태다. 우선 기독교로 눈을 돌려보더라도 어떤 사기성이 짙은 돌출적 종교집단이 경(bible)을 자의적으로 해석하여 수천 년에 걸쳐 이루어져 왔고 수십 가지 언어와 역사적 배경마저 무시하고 오로지 자신들을 통해야 하늘나라(사실은 넓고 넓은 허공이건만)로 간다면서, 심지어 어떤 성직자는 자신의 몸을 통해서 또는 자신의 이름(명패)을 가지고 가야만 한다고 하는 등 공갈과 사기를 지금 이 시대에도 버젓이 행사하고 있음에 애달프다. 진정 그들이 하나님을 믿는다면 절대로 그 짓거리(사기성 짙은 짓)를 하겠는가?

 종교의 영리적 행위가 부를 누리고 있음이 역설적으로 종교가 악의 소굴, 즉 도피처라는 반증이 아닐까! 종교는 순기능으로만 존재하지 않고 음지의 역기능 또한 만만치 않다. 우리는 종교 그 자체가 사후 문제나 현생의 열쇠 기능을 한다는 흐름에 조금이라도 의문을 품어야 할 것이다. 자칫하면 종교가 하나님 나라로 귀향하는 데 폭거로 둔갑하고 고아로 전락시키는 어설픈 매개자로 유도되는 미로처(迷路處)가 되는 게 아닌가 걱정된다.

却 제4화 하늘이 무슨 말을 하던가?

 천하언재(天何言哉)던가? 공자와 제자 자공 간의 대화에서 스승 공자가 앞으로는 아무 말도 하지 않겠노라고 하니까 자공이 묻기를 "그럼 우리는 이제 뭘 기록해야 합니까?" 했더니 공자의 답은 "천하언재(天何言哉)"였다. 공자가 또 이어서 덧붙였던 말로서, 말이 없어도 사계절은 정시에 임무를 수행하고 만물은 잘도 건재하잖는가란 의미로서, 이는《논어》〈양화편〉제19장에 기록되어 있다. 유대법의 수립자 모세는 그가 점찍었던 신 여호와께 묻기를 "당신은 누구십니까?"라고 신분에 대해 여쭈었더니 "나는 스스로 있는 자니라"라고 회신이 왔다. 물론 이 문답식 내용은 모세 사후 수백 년 후 〈창세기〉 저자가 그려 놓았다.《신약성경》복음서에선 하늘에서 소리가 났었던 몇 가지 사례가 있었다. 예를 들면 "예수가 하나님의 아들이다"란 친자 인증(확인)의 소리였는데 "이는 내 사랑하는 아들이다" 또는 "이는 내 사랑하는 아들이니 너희는 저의 말을 들으라" 등의 내용이다. 필자가 생각건대, 이 무성(無聲)의 하늘소리[天音]는 예수 사후에 그를 따르는 자들이 남긴 기록으로 아마도 복음서 기자들의 신심(信心)의 속내(사숙심 또는 추종열성이나 간증 등)가 표출된 것이 아닐까? 또 예수쟁이들을 잡으러 자신의 가병(私兵일 듯)들을 인솔하고 다메섹이란 곳에 이르렀던 사울(후일 바울)에게 하늘에서 음성이 들렸던 내용이 있는데(〈사도행전〉 9장), 즉 "사울아 사울아 네가 어찌하여 나를 핍박하느냐?" 사울이 "누구십니까?"라고 했더니 "나는 네가 핍박하는 예수라…"가 대화 줄거리였다. 이 또한 필자가 생각건대 실음(實音)이 아님은 물론 저자인 누가(〈누가복음〉 및 〈사도행전〉의 저자)의 마음에서 일어난 것과 합작된 얘기일지도 모른다. 필자가 이렇게 말함엔 근거가 있다. 예수가 생전에 하늘나라는 여기저기 있는 것이 아니라 너희 가운데(마음?) 있다고 했으니 사람이 내심(內心) 생각하는 것은 곧 하늘나라에서 생긴 것과 대동소이한 것으로 유추된다. 천도교 중심사상의 하나가 인내천(人乃天), 즉 "사람(만상)이 곧 하늘이다"란 말과 맥을 같이한다. 우리가 몽중지언이나 몽중지사를 생각해 보면 어느 정도 감이 잡힐 것이다. 꿈속에서 소리를 들을 때가 있잖는가? 수염을 길게 늘인 도사의 매우 의미심장한 말을 들을 때가 있듯이 말이다. 이를 하나님(하늘)의 음성이라고 했다 해서 딴지라도 걸겠는가? 또 108배, 3,000배를 해서라도 신자들이 부처와 가깝게 관계를 맺으려 할 때 또는 《반야경》, 〈금강경〉에 이르기를 "약이색견아 이음성구아 시인행사도 불능견여래(若以色見我 以音聲求我 是人行邪道 不能見如來)"라고 했잖는가. 말하자면 부르짖고 (목소리나 형상 등으로) 정성을 다한다 해서 목소리[天音]를 듣거나 부처를 볼 수 없고 오로지 마음이 좌우한다(一切唯心造)라는 교훈 아닐까? 예수와 석가모니 그리고 공자 세 분의 말을 다시 정리해 보면 한 치의 오차 없이 일치한다. 그리고 우리 속담에 "지성이면 감천이다"란 말 또한 주야장천 기도하거나 산 기도나 산중에서 도 닦음 등의 행위로 창조주와 직거래하거나 특혜 성격의 소원성취가 된다는 말에 동의하기 어렵다는 것도 우리 모두 상식선에서 이해되는 것이다. 지구가 생긴 이래로 사람을 비롯한 모든 만물이 창조주의 실제 음성을 들은 사례는 전무함이 진실이다. 하늘에서 나는 소리는 천둥소리(자연법칙), 새소리나 바람소리 등 자연의 활동, 인간 문명의 작위(과학의 결실물인 비물[飛物]들 등) 등의 소리만을 우리 인간은 들을 뿐이다. 인간 개개인의 마음으로부터 하나님과 소통하는 것이 실음(實音: 양심의 소리)일 터! 특정인과 별난 소통이 없음은 불문가지다. 필자가 세 분을 초빙해서 여쭙기를 공자께서 《신약성경》의 "복음서" 내용을 읽고, 예수께서 《반야경》의 〈금강경〉을 읽고 석가모니께서 《논어》〈양화편〉을 서로 빌려 정독한 후 읽은 독후감을 요청했을 때, 세 분이 이구동성으로 하신 말씀은 "모두가 희망사항(소원)을 적어 놓은 내용들이다"라고 하면서 실제 공중에서 소리가 남이 아니라고…. "우리 세 사람을 비롯해 모든 만물은 창조주의 소리가 너무 커서, 너무 작아서 들을 수 없다"라고 필자 마음에 전해왔다. 그래서 필자는 잘 표현하셨다고 만점을 기록했던 과거사가 있었던 것 같다. 마무리하기 전에 긴가민가한 에피소드격 내용을 쓰고 끝내겠다.

하늘이 직접 인격신 자격으로 섭리를 하는 것처럼 인간이 직무대행하듯이 경전을 통해 유세할 때가 있음이 다반사다. 예를 한 가지만 들어보겠다. 예수가 십자가상에서 숨을 거두게 되자 지성소에선 대제사장만이 출입이 가능한 곳을 마치 성경 기자가 실제로 들어가서 본 것처럼 써놓은 기록을 우리가 접하게 된다. 참으로 성경 저자의 신앙심, 추종심이 강렬함 치고는 백미로 남는 흔적기(記)다. 〈마태복음〉 27장 51절 이하에서, "휘장이 위에서 아래까지 둘로 찢어지고 땅이 진동하며 바위들이 터지고..."(지진, 화산폭발 등의 기록은 발견되지 않음.) 독자들은 어떻게 생각되는가? 기상천외한 발상(!) 아닌가? 당시 대제사장은 에돔의 혈통을 가진 자다. 이런 자연재해에 어느 누가 지성소를 탐방, 탐색했을까? 참으로 놀라운 성경 기자의 진짜 같은 지성소발 기사를 전세계에 특종으로 내보냈다. 좀 심한 내용이지만 종교지도자들은 이 내용을 잘 써먹는다.

却 제5화 천당과 지옥은 있나, 없나

결론부터 말하겠다. 천상천하, 우주 어느 곳에도 없다.

철저하게 사람이 창안한 허·공물(虛空物)이요, 공·허상(空虛相)이다. 사람이 사람을 우려먹는 관리 장치일 뿐이다. 이에 대해 오랜 세월 동안 사람이 사람을 속이고, 사람이 사람에게 속게 된 무형의 낙원이었고 공상의 불구덩이였다. 이 사안에 대해선 오로지 석가와 예수만이 사람을 속이지 않고 실상을 알려주었다. 두 분은 500년의 시차가 있었지만 천당, 지옥에 대한 실상을 바로 알리고 실체를 알게 한 스승이었다. 그곳들은 가장 가까운 데 있다고 했다. 아무나 가볼 수 있는 곳이라고 했다. 자연스럽게 드나들 수 있는 곳이라고 했다. 찰나라도 두 곳을 동시에 방문할 수 있음을 암시했다. 누구의 도움도 없이 비용이 필요치 않고 교통의 불편함도 없고 거리상으로는 직경거리로 얇은 종이보다 짧은 지역이라고 했다. 그리고 인간이면 누구든 거대하다고 생각하고, 기화요초가 만발하고 슬픔과 근심이 없다고 생각하는 그 한 곳인 천당과 사시사철 뜨거운 불로 구더기마저 타지 않지만 영원한 시뻘건 불구덩이에 시달려야 하는 무시무시한 그곳 지옥은 바로 여기다, 바로 저기다라고 감을 잡고 있는 바로 각자가 지니고 있는 마음[心]이다.

사람이면 누구나 가지고 있는 우리 가운데, 너희 가운데, 우리 속에, 너희 속에 있는 이 마음은 천당과 지옥을 동시에 갖고 있으나 단 살아 있을 때에만 건재할 수 있는 한시적인 허물(虛物)이고 공물(空物)이다. 죽는 그 순간부터 이 심물(心物)은 소멸하고 끝난다.

한 번 더 강조하지만 사람의 머리로 건축한 천당과 지옥은 칠정(七情)이 작동하는 순간에만 수시로 건축하고 재건축하고 수리할 수 있는 인간만의 공법과 기법으로 만든 무릉도원이요, 하늘나라임과 동시에 염라대왕이 다스리는 지옥이다.

중동의 어느 나라(이란) 얘기로는 7개의 지옥이 있고 8개의 천당이 있다고도 하지만, 순간마다 인간의 머리로는 찰나에도 천당과 지옥을 교차 건축하고 골목건축 파괴, 광장 개건축을 반파할 수 있다는 것이다. 단 살아 있을 때에만 건축 파괴가 발휘되고 죽자마자 천당, 지옥의 건축자재는 소멸되고 더 이상 미래 예정지와는 관계가 없다. 그 실상마저도 살아 있는 사람에게만 해당되는 고급 거주지요, 저급 거처지일 뿐이다. 그러나 살아 있을 숨 쉬는 동안만 스스로가 그곳들의 실소유자다.

却 제6회 에덴의 아담은 그중의 한 명이다

　유대 경전《구약성경》〈창세기〉의 편저자는 에덴의 아담을 첫 사람으로 그려 놓았고, 신약의 바울이란 신학자 또한 에덴의 아담을 첫 아담(사람)으로 언급했다. 사람은 우연히 만났으나 필연처럼 인연을 맺고 그 인연으로 자의 반 타의 반 얽히고 엮어져 생명이 릴레이식으로 바통이 이어져 하나님의 생명이 DNA로 사람에게 각각 독생자로 땅을 밟다가 때가 차면 원대 귀향함이 인생 노정이다. 그렇게 생각하면 에덴의 아담은 부모 양성에 의해 지구에 왔을 것이다.

　몽골 대초원의 유목민의 '게르(Ger)'란 조그마한 이동식 집에서도 생명이 태어나고, 모세가 애급(Egypt)에서 데려온 상당수 인원(그 얘기가 실화라면 필자는 600명 정도, 성경에선 60만의 남정네로 기록됨)의 시내 광야 좁은 천막생활 속에서도 생명이 태어났고, 몇몇 성인은 들판에서, 옆구리(상징성 표현이겠지만)를 통해, 혹은 부친이 누구인지 잘 모르는 상황에서 태어났다고 한다. 어쨌든 양성 부모를 통해 태어나야만 사람으로 등록되고 수로 계산된다. 그렇다면 아담이 사람일진대 이성의 부모가 반드시 있어야만 이스라엘 민족의 원조(元祖) 자격이 있음은 분명하다. 중시조는 아브라함이요, 직계 조상은 아브라함의 손자 야곱이 아니던가. 어떤 기록물에선 에덴의 아담은 22번째 아담이라고 하잖는가! 앞으로도 또 다른 아담이 나오리라 필자는 단언한다. 왜냐하면, 주기적으로 자연법칙과 우주질서에 따른 천지개벽이 반복되겠기에 말이다.

육지 이곳저곳 해발 수천m 정상에서 생물의 생사 흔적이 쉽게 발견됨을 듣지 못했는가? 지금은 기암절벽 산(山)이 어느 때에는 바다 깊숙한 곳이었다는 것을 과학이 발달한 결과물로 우리는 알고 있다. 주기적으로 바다와 육지가 용트림할 때마다 에덴동산 식의 아담은 재현될 것이다. 한 번씩 천지개벽될 때 100%가 전멸되지 않음은 우리도 알고 있다. 문명, 문화가 발전, 진화되지 않았을 땐 에덴의 아담이 진짜로 첫 사람인가 하여 〈창세기〉 기록의 저자 생각에 갇힐 수도 있을 테니까 말이다. 바울이 과학 발달을 예측하지 못했기에 마치 인류 조상이 아담이라고 해도 그 당시에 누가 토를 달거나 딴지를 걸 수 있었겠는가? 무조건 성경은 조금의 허점이 없고 성령(신)의 감동으로 쓰여졌기에 두 말 말고 믿으란 위압적인 구속력 있는 종교심 발동에 꼼짝 못하고 에덴의 아담이 첫 사람, 즉 인류의 시조라고 하여도 억지춘향 꼴이 될 수밖에! 우리 후예들에게 바이칼 호수 아담, 안데스산의 아담, 로키산맥의 첫 아담 소식이 들릴 것이다. 그래서 양성(남녀)의 후손 아담은 계속될 것이다.

却 제7회 누가 뭐래도 하늘은 공정하다

어떤 종교의 신념체계(교리)가 이러쿵저러쿵하여 정직한 사람들을 유혹하여도 하늘의 뚝심은 공정하고 공평함은 물론 개인의 사(私)생활에 원망을 일게 하는 술수는 쓰지 않음은 분명하다. 이같은 자연질서의 실상은 일찍이 인류 스승들이란 몇 분과 도(道)

통한 입술이 두툼한 선(仙)지식인도 낌새를 채고 흔들릴 수 없는 이 같은 진리를 체득한 듯했다. 하늘과 땅은 누굴 가까이하고 어느 촌뜨기는 미워하는, 스스로 천리(天理)를 망가뜨리는 만물 섭리자는 있을 수 없다(天地公平無私)는 것이다. 필자가 더 신뢰 가는 부분은 하늘의 창조와 다스림의 원리는 여상하다(天不變其常)는 것이다. 필자가 누차 강조한 단골 메뉴어 천도무친(天道無親 또는 天道無間)은 우리 인생 모두를 안심케 하는 하늘의 순리(順理)다. 단적인 예로 햇빛이나 바람 그리고 물을 땅에서 활용하거나 혜택 받음에 역차별을 당해 본 적이 없음(日月無私照)이 아닌가! 고려 말 지식인 이색(호: 목은, 한산 이씨) 또한 이런 하늘의 불편부당(즉 無偏無黨의 뜻을 의미함)한 만물의 다스림(天公用意自平均)에 흡족하잖았는가. 빈손으로 오가는 우리 인생은 그저 자연 질서에 순응하는 자유인으로서 하늘에 치우치지 않고 창조주의 생명의 분신으로서 자연과 함께 살다가 가자꾸나.

却 제8회 허구지만 진짜같이 자리매김

몇몇 문명권의 고대국가에서는 예외 없이 인류의 시조를 모시고 있다. 마치 우리나라가 가진 고대 문헌에서도 인류의 조상인 나반과 아만이란 남녀가 있었다고 기록된 것같이 말이다. 그리고 환인(7대 3,301년 존속), 환웅(18대 1,565년 존속) 그리고 단군(47대 2,096년 존속)조선이 기록으로 남아 있듯이 말이다. 그러니까 인류의 조상은 고대 문명권 여기저기에서 빛을 발했다. 필자가 전적으로 인류의 조상이 전설, 설화 그리고 신화 등 어느 형태나 장르든 간에 고대(古代) 기록이 그냥 쓰이지 않았고 의미 있는 공지(公知)사항으로 남아 있음에 동의한다는 말이다. 곰, 호랑이, 토마토, 고추, 소나무, 사과나무 등이 한국, 미국, 브라질이나 태국의 것이 다르듯이 사람 또한 다양한 모습으로 지구 땅 곳곳에서 신토불이(身土不二)에 걸맞게 살아감을 보고 있기 때문이다.

다시 말해서 인류 조상이 한 사람이 아니란 말이다. 이런 문헌들 중 단연 독보적이고 특허 받은 양 절대우위를 차지하면서 기록문의 위력을 보유하고 있는 문헌은, 유대교 경전인 《구약》〈창세기〉에 나오는 인류 첫 사람은 아담이며 그리고 그의 배필 하와인 것이다. 이런 창작물은 노벨상 수상자 수가 단연 절대우위 수적 보유국인 이스라엘의 두뇌와도 맥을 같이한다. 왜냐하면 이 〈창세기〉 등 소위 '모세 5경(토라)'이 아주 치밀하게 귀신도 깜짝 놀랄 만큼 기막히게 짜여 있어 아무도 허구 또는 소설이라고 감히 자신 있게 선언할 용기가 없다.

에덴동산의 아담은 분명히 사람이라고 되어 있다. 그렇다면 그의 부모가 있음은 당연하다. 《명심보감》의 "… 六尺軀來何處 父精母血 成汝體(여섯 자[척] 내 몸이 부모의 정혈로 이루어진 게 아니냐?)"라는 말을 끌어오지 않더라도 사람은 두 사람의 몸을 통해 땅을 밟고 있음이 사실이잖는가. 애당초 신이라고 했으면 부모에 관해 시비를 걸 일이 없겠지만, 이들이 부부관계로서 자식들이 줄줄이 생겨 혈통으로 얽혀 있는 DNA가 이어져서 중시조 아브라함이 등장했고 그의 42대손 예수가 다윗의 후손이라고 하여 가계의 빈틈없는 내용이 성경에 버젓이 적시되어 너무나 인위적이기 때문이다. 이 내용을 바탕으로 바울이란 신학교리 수립자는 죄를 끌어들여 기독교를 발굴하지 않았는가 말이다. 그럴듯하게 그리고 완벽하게 짜맞추었다. 〈모세 5경〉이 역사서이자 민족사로서 모세가 기록했다는 듯 암시해 놓았는데, BC(기원전) 13~14세기 때의 사람인 모세가 죽고 수세기 후에 등장한 역사적 인물이나 지명이 이미 모세가 기록했다는 〈창세기〉 등 앞부분 5권 안에 있으니 어쩌겠나. 모세가 기록했다고 강도 높게 우긴다면 낯이 붉어질 수 있다. 아무튼 워낙 이스라엘(유대국)의 힘이 세고 거기에서 기독교가 태동했으니 가공인물이든, 사실이 아닌 허구이든, 성경이라 하니 소설책이라 한들 믿겠나?

어느 고대국가 기록물보다 인류의 조상에 대해선 이 이스라엘의 고대문헌 〈창세기〉의 내용이 이젠 삼인성호(三人成虎: 세 사람이 거리에 호랑이가 나타났다고 하면 믿게 됨) 꼴이 된 듯하다. 이에 대해 소설이라고 필자가 말하면 기독교인들이 돌멩이로 이 늙은 몸을 개 패듯 할 것이다. 필자가 첫 저서 《숫자로 엿본 조선조 오백 년 씨족의 사록》을 쓰는 데 10여 년이 걸렸다. 특히 1,000년 미만(고려, 조선의 양 왕조)에 활동한 사람을 확인하는 데 많은 시간이 소요되었고 이 사람들의 본관이 이 씨족인가 아니면 저 씨족인가를 확인하느라 애타게 시간이 걸렸다.

유대의 성경인 구약의 족보 얘기를 간략하게 예로 들어보자.

아담 부부의 부모가 분명히 그 당시 생존하고 있었는지는 모르겠지만, 아담 주변에 사람이 살았다는 글귀가 〈창세기〉에 나와 있다. 어쨌거나 아담의 아배와 할배 등은 지구 땅에서 활동했다. 5장 6부(五臟六腑)를 가진 아담의 DNA(피)가 릴레이식으로 예수까지 이어졌으니 말이다. 자, 잠깐 그 가계도를 훑어보면, 원(元)시조 아담, 아담의 10대손 노아, 아담의 20대손 아브라함(출생은 BC 2166년 추정)으로 이어진다. 특히 아담에 대한 기록을 계산해 보면 130세에 아들 '셋(Seth)'을 낳았고 800년 지내는 동안 줄줄이 아이를 생산하면서 930세에 죽었다고 하였다. 특히 9대손 라멕이 56세 될 때까지 아담이 향수했으니 이 〈창세기〉의 완벽한 족보는 인류사 아닌 이스라엘(유대)의 역사며 씨족사며 체계가 완벽하다 보니 꽤 진짜같이 자리매김하고 있다.

却 제9화 예수는 인간 중의 일원(一員), 그렇지만

만물이 흙으로부터 나와서 움직이면 동물, 그렇지 않으면 식물 그리고 단단히 굳어져 있으면 광물이다. 동물 중에 사람이 가장 깊은 꾀를 가지고 있다. 그런데 사람이 어느 시대 어느 곳에 있었든지 간에 공통점은 양성의 부모 중에 부친이 나를 모친의 구중궁궐에 밀어 넣고 나면 엄마는 일정 기간 양육해서 '샅'을 통해 내보내는데, 그곳이 자연탁아소 세상살이의 출발이다. 이 양부모의 노력을 조선조 국효(國孝)가수 주(周)씨(호: 신재, 상주 주씨)는,

아바님 날 나흐시고(밀어 넣으시고, 놓으시고)
어마님 날 기르시니(수개월 동안 날 키워주시니)
부모 아니시면 내 몸이 업슬랐다….

그렇다. 마구간에서 나왔든지, 들판에서 일을 저질러 나왔든지, 정원에서 옆구리를 통해 나게 되었든지, 배를 갈라 나왔든지, 하여튼 간에 양성의 부모(父母)의 협치와 합력(합궁)하에 땅을 밟았음은 공통분모다. 만에 하나 이 원칙과 자연질서에서 어긋난 출생기(記)가 나돈다면 모두가 가짜다. 신화다. 전설 속 위인이다.

사람이라면 모두가 이성(異姓)의 부모를 두게 됨은 당연하다. 그래서 지수화풍(地水火風. 태양계 소속의 행성 거의가 지수화풍이란 기초 원소를 갖고 있다)이란 자연 자원의 도움으로 살다가 흙으로 되돌아가는데, 예수는 이에 대해 언급하기를 "머리카락 하나하나를 다 세(셈, 수 계산)신다"고 창조주 하나님의 섭리를 밝혔다. 이 말뜻은 어떤 자는 이쪽의 것을 먹고, 혹자는 저쪽의 것을 이용했지만, 지구나 우주의 입·출(入出)의 자원 결산(대차대조표)은 변동 없는 불변이다. 머리카락이나 먼지까지 계산대에 오른다는 것(질량 불변의 법칙)이다.

그리고 무엇을 먹고 체질화되었느냐에 따라 선악의 갈림길, 각종 이념 충돌로 삶의 노정에 풍랑을 예고함이다. 앞부분에서 살짝 언급했지만 석가, 공자 그리고 예수나 이 책의 타깃 인물인 바울의 공통점은 양성 부모를 통해 세상에 얼굴을 내밀었지만,

한 가지 덧붙일 사항은 위에 거론한 인물들은 모두 기본 틀을 갖추었음엔 다른 억측이나 가정을 할 필요가 없다. 뭔고 하니 사회에 진출할 자격을 갖추었다는 말이다. 이들 모두가 결혼을 했다는 말이다. 그리고 갓 서른은 되어서야 대중 연설이나 통성명을 했다는 것이다. 여기에서 이 항목의 제목인 일원(一員)이란 말을 했기에 이 점은 중요하다. 예수와 바울은 정황은 있으나 물증을 본인의 입으로 표현치 않았기에 혼인 여부는 지금까지도 입씨름만이 그들의 대변인 노릇을 한다. 특히 예수는 유대 관습에 의해 30세에 사회에 등단했음은 〈누가복음〉에서 밝혔다. 그런데 복음서가 지금까지 알려진 35종 중에서 4개, 즉 신약 앞부분(〈마태복음〉, 〈마가복음〉, 〈누가복음〉, 〈요한복음〉)만이 빛을 보았고 나머지 30여 종은 힘이 모자라 세상에 숨었거나 동굴에 갇혔거나 아니면 바티칸 어느 곳에 잡혀 있거나 아예 쓰레기물로…. 그런데 지난 세기에 발견된 것 중 어느 문헌에 예수의 말 중에서, "my wife Mary…"가 있음을 볼 때 여자 문제(마누라 있는 유부남)는 확실해졌다. 왜? 없으면 유대관습 위반이니까! 물론 바울도 혼인 문제는 해결됐음은 물론이다. 쿰란 동굴에서 발견된 두루마리의 증거물이 없었다면 설왕설래로 시간을 낭비할 뻔했겠지만. 예수도 천생아재필유용(天生我材必有用)이란 차원에서 "신(神)도 아니고 미숙아도 아닌 보통사람으로 태어남이 세상에 쓸모가 있어서다"란 위 한자 문구대로 한 생애를 억측과 가공인물론과 함께 보냈다. 그의 발자취도 석가, 공자, 노자, 알렉산더대왕, 모세, 칭기즈 칸 등의 알려진 인물과 같이 타인(他人)에게 영향력을 끼치고 역사 속에서 했던 과거사(史[事])를 후인들이 남긴 정·오(正誤) 관계없이 한 분의 사람으로 기억될 것이다. 그리고 천지(天地)는 유만고(有萬古)하나 차신부재득(此身不再得)이란 노래 가사처럼 세상에 다시는 나타나지 않을 것이다. 그냥 종교적으로 부활하여 인간 속에서 역할을 한다 해도 희망사항 중 하나로 듣고 넘어갈 뿐이다. 그리고 사람일 뿐이기에 창조주 하나님으로부터 예수는 특지(特志: 특별한 메시지)를 받은 일은 있을 수 없다. 물론 바울도 그렇다는 것이다. 그러하기에 예수는 신이 아닐뿐더러 그를 숭배하거나 믿어서 각자의 운명을 맡긴다거나 죄까지 사할 수 있는 특별인이 아닌 사람의 성정(性情)을 가진 인간의 한 사람이다.

却 제10회 풍성한 별칭

보통사람 이상이 되면 호칭 같은 것을 하나 이상 무료로 가질 수 있다. 예수도 부모 또는 큰힘 있는 자(가브리엘 천사)에 의해서 예수란 이름을 부여받은 것 외에 생전에, 사후에 별칭이 꽤나 따라다녔다. 말하자면 예수란 인간에게 긍정적, 부정적 양 갈래로써 줄줄이 붙여졌다. 혁명가, 선지자, 대제사장, 심판주, 재림주, 선동가, 예언자, 사생아, 목수, 제2아담, 나사렛 사람, 유랑자, 호산나 다윗의 자손, 말씀, 다윗 자손, 성인(聖人), 랍비, 나사렛 촌뜨기, 주(主), 하나님, 선생님, 선한 목자, 성육신, 하나님의 장자(長子), 아기왕, 하나님 아들, 메시아, 임마누엘, 왕중왕, (예수)

그리스도, 부활한 첫 사람, 귀신들린 자, 하나님의 독생자, 인류의 대표자, 아기 예수, 인자(人子), 멜기세덱의 반차를 좇은 자 등 많기도 많다.

하기야 우리나라 역사 인물 중에 필자가 호 가진 자 7,177명을 알아보았고, 죽은 후 부여된 시호를 받은 자 2,228명을 눈여겨보았다. 그중 김정희(호: 추사, 경주 김씨)의 호가 많다. 다산 정약용도 많았지만. 예수는 자칭 자호로서 인자란 말을 썼다. 대중적으로 그를 지칭하는 별칭으로는 메시아, 그리스도, 임마누엘 등이나 예수 당시 메시아는 예수를 포함해서 5명으로 알려졌고 16세기엔 매우 인상적인 메시아가 생존했음도 우리는 알고 있다. 요즘도 메시아 또는 재림주라고 자칭 떠드는 자들이 있음을 종종 듣고 있다. 신학계에선 그를 '구세주'라고 지칭했다. 그리고 자(自)칭, 사(私)칭 제자였던 바울은 '예수 그리스도'라고 그의 글에서 보여주고 있다. 아무튼 예수는 깨달은 각자로서 싫든 좋든 인류의 인문인류사(史)에서 다른 성자(聖者) 등과 함께 멀리 또는 가깝게 역사의 흐름(시류) 속에서 회자됨에는 틀림없다.

却 제11화 오직 안내서일 뿐이다

사람은 누구든지 강 건너편에 다다르면 타고 온 배는 뒤로하고 목적지를 향해 행군하지 않을까? 말하자면 사벌등안(捨筏登岸: 해안에 닿으면 배는 버린다)해야 한다는 말이다. 우리가 경전을 읽는 목적은 그 글 한 자 한 자에 운명을 걸어놓고 생사화복의 점괘를 찾음이 아니잖는가? 왜 읽는가? 앞서간 선각자들의 발자취를 참고 삼아 좀더 내면을 살찌우고 자아를 발견하고 마음의 평안을 가지려 함은 물론이고 선인들이 진아를 발견한 후 자유인(自由人)으로서 생을 마감한 것에 대해 우리도 따라가야 할 것 같은 충동을 느껴 내 자신의 본령(本領: 진면목)을 찾고 창조주 하나님과 내 생명이 하나였구나를 발견함이 아닌가 말이다. 경의 내용 파악에 어려움이 있다면 나보다 도(道)를 깨달은 자의 설교, 설법, 강해, 주석, 해석과 해설 등의 자문이 필요함은 물론이다. 또는 깨달음을 위해 결집체(교회, 절, 성당, 회당 등)에 가서 도움을 받아도 될 것이다. 그래서 그 경의 문장이나 자구에 매달림은 금물이다. 몰입한다면 미신이나 샤머니즘 또는 점괘에 빠짐과 무엇이 다를까? 보조 자료와 안내서 그 이상 그 이하도 아닌 것이 각 종파의 경전의 역할이 아닌가 말이다. 지남침(指南針)이 보좌물이듯이! 경전으로 인하여 분열되고 깨달음의 방해물(物)이 되어선 안 될 것이다. 필자의 경우를 보더라도 수십 번 읽고 외워 놓았던 성경 구절이 어느 땐가 새로운 번역으로 인하여 그 성경 구절이 아예 다른 내용으로 되어 있더란 말이다.

한 가지 예를 들어보자. 개역성경 〈마태복음〉 1장 6절은 "이새는 다윗왕을 낳으니라 다윗은 우리야의 아내에게서 솔로몬을 낳고"인데, 킹 제임스 성경 번역문을 보면, "이새는 다윗왕을 낳고 다윗왕은 우리야의 아내였던 여자에게서 솔로몬을 낳고…." 독자께선 감 잡았는가? 전자 내용은 다윗왕(王)은 유부남인 상태에서 우리야의 아내 밧세바와 불륜이며 간통으로 사생아를 낳았고, 후자 내용은 좋게 말해서 재혼 관계 아닌가? 필자의 해설이 억지인가? 전문가들은 더 매끄럽게 쓰겠지만 필자의 가방끈이 좀….

내친김에 한마디 더하자. 불교 경전이나 기독교 경전은 석가모니나 예수가 직접 쓴 것도 아니고, 녹음이나 태블릿 pc 또는 메모를 해놓고 쓴 것도 아니다. 구약은 모세 사후 거의 1,000년 이상 지나서 책으로 엮어졌고 《신약성경》은 예수 십자가 사건 이후 40년 정도 후에 나온 것으로, 그것도 우여곡절(빼고 넣고 하는 진통을 거쳐서)을 겪은 후 4세기경에 오늘날의 책이 되었다. 구약 첫 5권은 이스라엘 건국의 영웅인 BC 13세기의 모세가 쓰지 않았음은 삼척동자라도 알 것이다. 그냥 모세가 쓴 것이라고 교회에선 얼렁뚱땅 넘어가지만, 〈창세기〉, 〈출애굽기〉, 〈레위기〉, 〈신명기〉, 〈민수기〉 등 '모세 5경'은 영어로 토라(Torah)라 하는데, 예를 들면 〈창세기〉 36장 31절을 읽으면서 "5경을 모세가 썼다"는 말이 이해가 되는가? 모든 성경은 〈성령의 감동으로〉라고 했는데 성령(the Holy Spirit)이란 말 또한 신약 시대 용어다. 《신약성경》(27권 중) 몇몇 또한 재수없을 땐 누락되다가 어느 땐 성경으로 편입되기도 했다. 그래서 성경은 그냥 안내서일 뿐! 톡 까놓고 말하지만 4복음서 내용 중 진짜 예수가 한 말은 얼마나 될까? 결론적으로 말하자면, 안내서로서 아무리 주옥 같은 말을 읽고 또 읽고, 외우고 또 외우고 한들 심보가 그대로 바뀌지 않고 돌이키지 않으면 말짱 도루묵이란 말이다. 고상하게 말하자면 심불반조(心不反照)면 간경무익(看經無益)이다.

却 제12회 미림칠걸(迷林七傑: 미스터리 일곱 인물)

중국인의 역사기술 사관은 다음과 같다. 중국의 수치를 감추고 (爲國諱恥) 중국은 높이고 외국은 깎아내린다(矜鞘而陋夷狄). 그리고 중국의 역사는 상세히 서술하고 외국에 대해선 간략하게 기술한다(詳內略外)는 것이다. 그렇다 보니 조선을 비롯한 주변국에 대한 기록은 왜곡으로까지 민낯이 드러난다. 중국과 비슷한 역사 나이를 가진 애급 또한 그 같은 노선으로 걸은 듯했다. 《구약성경》 속엔 기라성 같은 인물이 있으나 애급 역사에선 시큰둥한 반응을 보였음엔 분명했다. 《구약성경》에선 인류 기원에 관해선 시시콜콜한 내용은 물론 이스라엘 건국에 동원된 걸출한 인물들이 화려한 발자취를 남겼지만 애급 역사에선 전혀 끌어들이지 않았다. 그렇다 보니 이스라엘의 돋보인 인물의 역사적 실존 인물에 의문 부호가 뒤따르게 마련이다. 이 항목에서 미스터리 인물 7명, 즉 아브라함, 이삭, 야곱, 요셉, 모세, 다윗 그리고 솔로몬에 대해 카메라를 비추고자 한다. 성경 속 실존 인물인가 아니면 가공된 인물인가에 필자의 견해를 피력코자 한다. 이스라엘의 국가 건국에 앞서 유대 민족의 정체성 확립에 골격이자 중추적 인물들인 그들이 성경 밖에서는 투명하고 떳떳한 흔적물(문헌, 유적지 등)이 없는가? 없다 보니 역사성 있는 실존 인물인가 아닌가

가 항상 뒤따른다. 애급 역사에서 어느 정도라도 밝혀졌더라면 좋았을 것을! 《구약성경》에서 아브라함, 이삭, 야곱의 3대(代) 혈통은 빈틈없고 허점 없는 가계로서 완벽한 기술로 장식됐다. BC 2천년 전후 혈통! 필자는 고려, 조선 각 500년 씨족사 가계표 작성에도 땀을 흘렸다. 이런 문헌, 저런 문헌의 자료의 충돌이 원인이었다.

설사 구약의 내용이 소설책이라 해도 너무나도 완벽하다. 종교적 특수성으로 인한 고의적 차이점이 있다 하더라도 말이다. 창조신화 시조 아담의 20대손 아브라함(BC 2166년 출생), 아들 이삭, 손자 야곱 3대는 우리 족보식대로 혈통인가? 인위적인 가계인가? 아니면 각자도생의 멋쟁이들인가? 《신약성경》의 어느 저자는 〈디모데후서〉 3장 16절에서, "모든 성경은 성령의 감동으로 쓰여졌다"고 하였다. 물론 여기 성경은 《구약성경》을 지칭한다. 그렇다면 모든 내용이 한 점의 거짓이나 왜곡이나 부풀렸거나 설화나 신화가 아니란 뜻인데 과연 그렇게 심증이 가는가? 필자가 생각건대 세상의 문헌이나 창작작품 흔적 가운데 《구약성경》만큼 뻥튀기 기사, 왜곡된 내용 그리고 짜맞춘 맞춤형 책이 또 있겠는가? 아니면 《구약성경》만큼 진실되고 신의 개입이 노골적이고 일점일획이라도 불일치와 먼 기록물이 있겠는가? 그래서 문제를 설정하고 고민하지 않을 수 없는 갈림길에 서성이고 있다.

본론으로 가서, 애급사(史)의 약간 두드러진 인물 3명이 나오는데 이들은 각기 다른 시대에 다른 정치적 환경에서 일단의 무리를 이끌고 팔레스타인 방향으로 침입한 흔적이 나온다. 필자의 소견으로는 이들은 당시 지역 유력자의 활약상으로 엿볼 때 고대 유대 존립의 기초석을 놓은 아브라함, 이삭, 야곱이 아닌가 싶다. 이것이 애급 왕조사에 섞여 있는 유대 관련에 근접한 기사가 몽땅이다. 품격 있게 말하면 부족장들이 아닌가 싶다. 그들의 행적에 살을 붙이고 영웅적 말들이 각색되고 변질되어 3대 혈통으로 얘기가 매끄럽게 정리되지 않았나라고 조심스럽게 접근해 본다.

다음 요셉과 모세는 유대사(史)에서 유대(이스라엘) 생존에 사적(史的) 인물로 부각된 걸인(傑人)! 애급과 이스라엘 경계선 인물인 양인(兩人)의 향방(행로)이다. 두 사람의 행적에 많은 살이 붙었다고 본다. 정치적으로 어수선한 시절이 공통점이다. 애급 왕조의 정통성이 결여된 왕조시대의 정치 환경이었다. 전자는 총리, 후자는 민족지도자로서 이스라엘 국가 건국에 일조했다. 특히 모세는 정정(政情) 불안을 틈타 거사를 도모했다. 일단의 동족(히브리인)을 이끌고 야반도주했다. 이들 행적과 행로에 도움이 될까 하여 필자는 카이로, 시나이 광야 그리고 시나이산 정상에서 또는 여리고의 중동판 적벽대전 터를 답사했건만 실망과 함께 성경 내용과의 실질 대조표 작성에 의문점만 노출시켰다. 예를 들자면 60만 인솔 부분은 너무 과장과 뻥튀기기가 심했던 듯하다. 600만 학살사건만큼이나 너무 과한 부풀리기였다. 수나라와 고구려 간 싸움에서 100만 대군 숫자는 그런대로 봐줄 수 있지만. 성경 내용에 대한 성경 밖에서의 자료 미흡이나 불충분은 자꾸 성경을 의심케 하는 데 넉넉한 상황이다.

끝으로 다윗왕과 솔로몬의 실존 여부다. 통일왕국? 부귀영화의 대명사? 이들의 당시 행적을 60분의 1로 축약하여 보면 어떨까? 예루살렘을 둘러본 필자의 소감은 작은 성읍 도시국가였구나였다. 그리고 후궁 1,000명을 거느린 솔로몬의 부귀영화의 규모는 예수가 말한 들에 핀 한 떨기 꽃의 판세와 같다. 물론 세상의 영화는 별 게 아니란 표현으로 예수가 말한 어의(語意)가 있다손 치더라도 실제 왕국의 실정도 그 정도였으리라 사료된다. 당시 전체 인구가 얼마인데 후궁이 1,000명이라 기술해 놓았나? 일개 부족장이라면 이해하는 데 만족한다. 그들은 조그만 결집체의 실세들이었다고 보면 된다. 그들에 대해 성경 밖에 그 어떤 자료나 흔적물이 있는가? 실존자는 맞나? 아니면 그냥 꽃가마를 탔나?

세계사적으로 볼 때 과거사 기록 중 부풀리게 기록한 것은 대동소이하다. 그렇지만 너무 과장된 것이 지나치면 신화나 전설, 민담으로 치부해 버린다. 솔로몬의 부는 어디에서 취득했나? 오늘날 요르단 영토 페트라에서 아니면 사해 지역에서 구리나 소금 등의 자원으로 영화를 누렸는가? 실크로드가 없던 시절 어디에서 솔로몬의 지혜와 부귀영화가 은연중 들어왔는가?

이상 미스터리 인물 7인에 대해 약술했는데 실존의 역사적 인물인가? 아니면 가공된 민족, 국가 형성에 필요한 인물로 분장했는가? 왜냐하면 성경밖에 이들에 대한 자료가 없어서다. 굳이 성경 내용이 철저한 야훼(여호와)의 입김으로 신이 주도한 내용이라 할지라도 미스터리 7인이란 명패는 바꿀 수 없겠다. 신(神), 신 하지만 실사는 온통 사람의 머리, 마음 그리고 붓에 의해 소설화되고 창작되고 기획된 것이다. 진짜 신이 직접 1%라도 감동이 들어 있다면 다시 고려해 볼 내용들이라 생각한다.

미림칠걸(迷林七傑)에 대한 해결책은 그들이 부활하여 직접 해명하기 전에는 실존인물, 미스터리 인물, 가공인물, 수수께끼 인물에서 벗어나기 어려울 것이다. 필자는 성경 속 내용을 부인하거나 인정하는 것을 보류할 뿐이다.

却 제13회 큰일 날 뻔한 기별이었다

사람은 태어나서 얼마간 살다가 죽는다. 만약 죽지 않는다면 하던 일이 덜 끝난 것이다. 사람에게 죽음이 있다는 것은 신으로부터 받은 큰 축복이다. 반면에 죽었다가 어느 날 불운한 일로 살아난다(부활)면 저주를 받은 증거다. 예수가 부활했고 바울은 사람이 죽은 후 어느 때가 되면 무덤을 박차고 다시 일어난다는 전대미문의 기별을 동네방네 알리고 다녔는데 참으로 무지몽매한 인물이었다. 자기가 스승이라고 추켜세웠던 예수도 죽었는데, 이 사실을 뒤집고 살아났다고 했으니 오늘날 같으면 사회소란(소요)죄로, 내란죄로 콩밥 먹을 사안이겠다. 한마디로 살아난다는 불길한 바울의 기별(소식)은 참으로 인류에겐 암울한 전언이다. 명백한 사기성 발언이다. 왜곡되고 예수에 대한 명예훼손이다.

그러고선 한술 더 얹어 앞으로 선, 악의 재판이 기다린다고 하여 사람을 세뇌시킨 후 자기 편으로 몽땅 끌어왔다. 예수를 따르는 자는 별로 보이지 않는다. 왜냐하면 예수를 믿고 죄 사함 받지 않으면 불구덩이로 던져진다는 것 아닌가. 지옥이란 관광지를 만들려는 듯한 계획된 신학적 체계로서, 예수를 따르는 자들이 정신 못 차리고 일생을 믿음을 가지고 씨름하게 하니 애처롭구나.

却 제14화 삼인유세로 본 영생주거론(三人遊說의 永生住居論)

고인(古人)이나 현존하는 사람이나 인간이면 누구든지 사후세계에 관해 궁금증이 있다. 그렇기에 아래와 같이 명사 삼인(名士三人)은 그 사후 미스터리 내세(來世) 삶의 견해를 남겼다.

우선 중국 전국시대 송나라 사상가 장자는 "죽은 후의 삶은 커다란 방에 누워 있다"고 했다. 이는 그의 저서《장자》〈지락편〉에 자신의 부인을 예로 들면서 한 말이었다(人且偃然寢於巨室).

다음으로 예수는 (죽은 후 거처할 곳으로) "내 아버지 집에는 저택들이 많다"고 〈요한복음〉 14장 2절에서 밝혔다(我父的家裏有許多住處). 죽은 후의 사자(死者)의 거처지를 위 두 분은 모두 땅으로 돌아간다는 것을 에둘러 표현했다고 본다. 이는 〈창세기〉 저자의 견해와 맥을 같이한다. 〈창세기〉 3장 19절에 유대인의 원(元)시조 아담에게 창조자께서 이르기를 "너는 흙이니 흙으로 돌아갈 것이니라"고 한 말이다. 필자도 본 저서 각언(咯言) I의

却 제21화에서 여러 지식인의 소견을 나열해 놓았다. 모두들 장자와 예수의 생각과 일치하고 있다. 자연 귀향론이다. 그런데 2억 년 전 '판기아'란 하나의 대륙이 7대륙으로 갈라져 붙었다 떨어졌다 하여 계속 이동하지만 모두가 지구 내(內) 땅들이다. 그렇지만 신앙을 가진 자들은 생각이 좀 다른 것 같다. 그들이 선택한 신(択神)이나 숭배하던 신(崇神)을 교체한다거나(換神), 신은 믿을 게 아니라고 경배하던 신을 멀리하기도 한다(背神). 어쨌거나 사는 동안에 사람들은 호신(護身)이나 호심(護心)에 목숨 끝날 때까지 신경 쓰는 게 분명하다.

이제 세 번째로 기독교 교리 창설자 바울 차례다. 예수의 제자라고 하면서도 예수와는 전혀 다른 견해를 피력했다. 그 어느 종교에나 토착 신앙에도 없는 특이한 탁견으로 소신을 내밀었다. 간단하게 그의 생각을 도해하면 사람은 죽은 후→ 어느 날 육체대로 살아나서(부활)→ 하늘로 공중 들림 받고(휴거)→ 예수와 잠깐 만남의 시간을 갖고(재림), 심판주 예수가 선악의 결산서인 대차대조표를 토대로 최종 판결 후→ 너는 이쪽, 그대는 저쪽으로 가라고 우주적 선고를 한다 → 이쪽은 영생 복락처로, 저쪽 그룹은 영원 불구덩이로 안내한다는 것이 골격이다. 이 역할에서 예수는 선악과 시비 그리고 이념의 흑백에는 전혀 개입하지 않고 그들이 존경하고 흠모하는 모세가 그 일을 전담할 주심자라고 밝혔는데도 바울은 각자 언행의 심판 직무를 자신의 교리 총칙에서 예수에게로 이관해 놓았다. 이 같은 복잡하고 기약 없는 세월로 미래 거처지가 확정된다고 하니까 만약 천지가 뒤집어진다면 인간의 내세 지향처는 백지화되고 결국 광활한 대지 흙으로…!

그래서 필자는 장자와 예수의 견해엔 이해가 되고도 남지만, 바울의 아리송한 구상은 좀 곱씹어야 할 부분이 있어서 지면을 할애키로 했다. 필자는 과학의 발달을 이용했다. 용역을 주었다고 표현해도 된다. 1977년 미 우주탐사선 보이저 1, 2호(쌍둥이 탐사선)의 탐사 뒤를 따라가 인생이 사후 살 곳을 바울 말대로 혹시 있지 않을까 해서 장시간 눈을 고정시켜 호기심과 동행했다. 태양계 내행성들(수성, 금성, 화성)은 태양과 가까워서 아예 살 곳이 못 된다고 제쳐두고 태양계 외행성에 혼신, 투자했다. 그간의 탐사 내용을 잠깐 훑어보면, 우선 지구에서 8억 km 거리 목성은 지구 질량보다 318배나 되다 보니 지구의 생활환경엔 물론 지구의 존폐에도 깊은 영향을 미치고 있음을 알게 되었고(갈릴레오 탐사선 자료와 함께) 목성 구름에서 시속 650km 바람과 번개의 번쩍임도 알아냈다.

그리고 목성의 위성 79개 중의 하나인 '이오'에는 지구처럼 화산활동이 활발하고 용암이 분출하는 등 닮은 점이 있었다. 그러나 사후 살 곳으로 간다는 희망은 그리 높지 않다고 본다. 목성은 바람이 세다는 것은 알고 있다. 또 모든 행성을 합친 것보다 2.5배나 더 큰 행성이라고 들어서 안다. 결국 양육강식 차원에서 조폭 대장격이다. 그런 그곳에 사후에 사람이 살 곳으로는 주저

된다.

 그다음 세계 토성은 가볼 만할까? 가스 행성인 토성은 30만㎢의 멋지게 보였던 눈부실 만큼 얼음조각의 고리가 매혹적이다. 크고 작은 암석 덩어리와 얼음조각으로 퍼져 있는 고리는 관광 명소처럼 여겨진다. 물, 수소, 구름 등이 지구에 있던 것으로 친숙하지만 워낙 멀다. 그곳에서 지구까지 오는데 SNS 카톡보다 느린 90분이 소요된다 하니 멀긴 멀다. 62개의 위성 중에 직경이 500㎞ 정도 되는 엔켈라두스 위성엔 소금, 유기물 그리고 대양(大洋) 등 생명이 가능할 장소로 환경이 갖춰져 있긴 한데 바울이 설마 이곳을 염두에 두고 당당하게 얘기를 했을까?

 참고로 지구에서 태양까지 거리는 1억 5천만㎞라고 하며 기별이 지구까지 오는 데 8분이 소요된다고 하며 토성은 90분 걸린다….

 그다음 살 만한 곳, 즉 토성 다음으로 보이저 2호가 9년 만에 접근했던 태양에서 29억㎞ 거리에 있는 얼어붙은 어두운 우주, 창백한 푸른빛을 띤 천왕성으로 가 보자. 지구보다 17배나 무겁고 해왕성보다는 가볍지만 가스로 덮여 있고 얼음은 물론 토성처럼 고리(엡실론고리)가 있다는데(어둡고 희미해서 지구에선 보기 어렵지만), 얇은 얼음(?)으로. 목성이나 토성같이 대기층 상층부에는 수소 헬륨가스로 둘러싸고 있고 밑에는 메탄 암모니아 물[水]로 구성된 얼음 행성으로 여겨지는바, 태양계 전체에서 가장 차가운 영하 224℃라니 시베리아인들도 육체로 부활하여 살 수 있을까?

지구 또는 더 큰 행성과 충돌한 듯 행성 전체가 옆으로 누워 있다. 금성같이 공전, 자전이 서로 반대란다. 천왕성의 위성은 두 개, 즉 안쪽엔 코델리아, 바깥엔 오필리아(입자, 중력 관계로 인한 유지책으로 〈양치기 위성〉이라고)가 있다(보이저 2호가 단 6시간만 천왕성을 관찰할 수 있었다).

천왕성에서 16억km를 더 가야만 만날 수 있는 해왕성으로 간다. 태양 직경이 140만km인데 해왕성은 얼마나 클까? 궁금하다. 소용돌이로 산도 땅도 없고 지표면이 없어서 바람이 닿을 곳이 없다 보니 음속보다 빠른 바람은 풍속 2,400km로 자유분방하다. 집도 절도 없으니 춥고 배고프다. 차라리 태양 너머 반짝이는 은하가 부럽네. 14개 위성 중에 수천 개의 틈(cracks), 구덩이(pits)와 얼음덩어리가 있는 트리톤이 있어서 그나마 구경이나 한번 하면 되겠다. 왜 이런 멀리까지 얘기를 끌고 오냐 하면 바울이 육체가 부활 후 변화된 몸으로 땅 이외 세상에서 영생무궁 하나님과 산다는 글귀를 남겼으니 그곳을 찾으러 태양계만이라도 더듬어볼 양으로 찾다 보니 여기까지 온 것 아닌가! 지구를 떠나 더 좋은 곳이 있다 하니 궁금해서라도 찾아볼 때까지 탐사해 보련다.

태양계의 8개(혹은 9개) 행성이 복락처가 아니면 다른 은하계에 가서도 알아봐야지. 잠시 곁길로 샌 것 같다. 트리톤엔 8km나 치솟는 간헐천이 보이는데 그것이 바람에 날려 100km나 물방울이 간다는구나. 이곳까지 오는 데 12년 걸려 보이저 2호는 정말 수고 많았다. NASA 직원들도 눈길을 고정시켜 놓고 함께했으니 고

맙다. 태양계의 제일 끝 행성으로 안쪽엔 액체가 가득, 위쪽엔 기체가 가득한 해왕성! 지구보다 17배나 더 무거운 이곳 대기에선 기후변화가 활발하고 상층부에선 바람이 메탄가스 구름을 시속 2,000㎞ 이상 속도로 마구 흔들어댄단다. 그리고 보이저 2호는 목성의 대척점과 비슷한 남반구의 대흑점을 발견했다. 태양에서 45억㎞ 거리로 에너지도(햇빛도) 미약한데 강한 폭풍은 어떻게 일어날까? 미국 중부지방 허리케인은 이곳의 바람과 비교하면 갓난아이급이나 될까? 물론 온도 또한 평균 영하 214℃나 되는 바 이는 지면이 없어 마음놓고 질주하니 아무리 천당이 좋다 하지만 이것은 아니다. 산이나 땅이 없으니 무릉도원은 꿈도 꾸지 마라. 바람만 넉넉하면 뭐하나? 일단 퇴짜 놓고 하나 남은 끝 순서인 명왕성으로 가자.

이 행성은 뉴 호라이즌스(New Horizons)호가 2015년 7월 방문했다. 가장 멀리 있는 이곳은 태양에서 48억㎞ 거리에 있다. 지금 학자들 간에는 태양계 행성으로 자격 있나 없나로 토론중이다. 자격미달이란다. 학교에선 태양계 외행성으로 가르쳐 놓고선 말이다. 마치 조선조 초기 사육신이냐 사칠신이냐로 누구는 빼고 대신 누구를 넣어야 한다는 논란같이 말이다. 행성 해당 요건에 미흡하지만 일단 여기까지 왔으니 알아나 보자. 혹시 부활하여 여기가 적합한 명당일지 누가 알랴. 1990년 해왕성 너머에 태양계 변경지역 '카이퍼대' 발견으로 명왕성이 그 근방에 있어 서로 말썽이 되고 있다. 물론 명왕성 근방에 다른 천체들도 발견되었다. 예를 들자면 콰오아를 2002년에, 세드나를 2003년에, 하우메아를 2003년에 그리고 마케마케를 2005년에 발견한 것이다. 명왕성이 태양계 행성에 들어갈 자격이 된다면 이 천체들도 행성에 들어갈 요건이 된다는 것에서부터 논란이 일어난 것이란 말이다. 그 명왕성에도 지구에 로키산맥 같은 것이 있듯이 텐징몬테스엔 최고봉 6km인 산맥이 있음을 알아냈다. 그리고 아울러 '크룰루마쿨라 폭 3,000km의 어두운 지역', '가장 큰 충돌구 직경 48km', '할로 충돌구 베가테라 지역' 등을 함께 알아냈던 것이다. 더군다나 낯설지 않은 모래언덕도 있으니 이상한 느낌이 온다. 아무튼 뉴호라이즌스호 노력 덕분이다. 2006년 발사된 후 9년 반 걸려 큰일을 해냈다. 이 명왕성은 해왕성의 위성 트리톤보다 작다고 한다. 허블 우주망원경으로 봐도 흐릿했다. 그러니까 '꾸어다 놓은 보릿자루'처럼 카이퍼대 안쪽에 숨죽이고 있다는 것이다.

이왕 태양계 행성으로 교육했으니 굳이 태양계 식구에서 빼야 하나? 위에서 말한 지역 크룰루마쿨라는 폭이 3,000km인 어두운 지역은 구경거리가 되고 있으니 좋잖은가. 또 한 가지 얘기할 것은 이 명왕성엔 5,000여 개의 충돌구가 있는데 무려 직경이 48km나 되는 것도 있으니 이것 또한 구경거리다. 표면 온도가 영하 230℃이긴 하나 아름답기도, 춥기도, 생명력이 넘치기도 한데, 특히 톰보지역(명왕성의 하트란 별명 얻음)은 5각, 6각 등의 질소 얼음 표면 문양으로 꽤 회자되는 구역이다. 그 지역 왼쪽의 '스푸트니

크 평원'은 얼음 질소와 메탄 이산화탄소로 구성된 평원으로 100만㎢나 되며 가장자리엔 순수한 얼음으로 구성된 산맥의 최고봉 6㎞(앞에서 말한 텐징 몬테스)엔 등산 코스가 될까? 과학자들 사이에 잿밥으로 관심이 집중된 부분은 명왕성 내부에 열원(heat)이 있음은 물론 바다가 있지 않을까라는 것이다. 그렇다면 나쁜 것 빼고는 지구와 뭐가 다른가? 수박 겉 핥기 식으로 지구에서 좀 먼 태양계 식구 몇몇을 엿보았는데, 현재까지 채점 결과로 바울이 말한 곳, 즉 예수와 어울려 살 곳 발견에는 난색을 표한다. 지난 일을 되돌아보면 지구 또한 그냥 낙원은 아니었다. 8,900만 년 전에 인도는 남쪽에 동떨어진 섬(아프리카 쪽)이었지만 수백 년 동안 북쪽으로 이동하여 아시아 대륙판에 붙게 되어(충돌하여) 히말라야산맥이 불쑥 솟아 산 정상을 공략한다고 야단인데, 인도 대륙이 자꾸 조금씩 지금도 이동하다 보니 히말라야도 덩달아 움직여 산(에베레스트산) 높이가 해마다 갱신되고 있고 러시아 북동부 캄차카 지역엔 지구상에서 가장 활발한 활화산으로 땅속 온도 250℃ 이상이 되니 곳곳에 흙과 돌이 녹아 밖으로 흘러 나와 간헐천들이 형성되어 있다.

  어디 그뿐인가. 지구 땅 이곳저곳에 사시사철 불꽃이 관광객을 끌어모음도 있잖은가. 다른 행성에서도 지구같이 거의 같은 환경이나 사람이 살 곳으로는 지구가 그래도 가장 적합하다고 사료된다. 언제 백두산이 터질지, 일본 도쿄, 뉴욕 맨해튼, 중국 상하이가 자연재해로 몸살을 앓을지는 모르지만 아직까지는 지구가 제일 나을 것 같아 바울이 인간의 마음을 흔들어 육체는 부활하고 변화된 모습을 내세 청사진으로 찌라시 수준《신약성경》바울 서신들)으로 사기 친 것 이상 이하도 아니다. 어쨌든 하늘엔 은하가 많아 인간을 유혹하지만 지구란 (티끌 같은 작은) 돌덩이 안에서 인류 역사가 펼쳐져 오만 가지 사연(희로애락)이 연출되니 어쩌겠나. 얽혀 있는 운명과 인연을! 그렇지만 시간이 갈수록 우주는 더욱더 팽창하고 있으니 어찌해야 되겠나.

필자가 들은 얘긴데 태양계에만 행성이 돌고 있는 줄 알았는데, 태양계 밖에도 외부 행성이 400여 개나 발견됐다고 한다. 혹시 그곳에도 살 곳이 나올까? 앞으로도 태양 밖 우주탐사를 기다리는 1,000억 개 넘는 별이 있다 하니 어이가 없다. 최근엔 또 슈퍼지구를 발견했다고 전한다. 그곳은 지구보다 면적이 넓어 티격태격하지 않고 발뻗고 살 수 있을까?

한 가지 놀라운 사실은 빅뱅 블랙홀 얘기를 듣고 바짝 긴장되었었는데, 이 블랙홀이 우리 은하계엔 2,000억 개 별들이 거대한 원반으로 이루어져 있는 그 중심에 버티고 있다고 한다. 뭐든지 빨려든다고 들었는데 우리가 속한 은하계 내에 이 무서운 홀이 있다니 긴장된다. 얘기를 더 보탠 은하집단 1개에 1,000억 개의 별이 있고 그 은하집단이 공중에 널브러져 있으니 하나님은 어디에서 사무를 보고 계실까? 그리고 오직 사람에게만 붙어서 해코지하는 사탄의 사무실은 어느 쪽에서 렌트비(집세)를 내고 일을 볼까? 그렇다면 바울이 천사들이 있다고 했는데 그들은 하나님과 사탄의 사무실 중간에서 근무하나? 그러고 보니 별과 별 사이(성간 공간)에 연락사무소라도 설치하면 어떨까?

한편 보이저호가 태양권을 벗어나는 데 42년이 걸렸고 안드로메다 성운은 우리 은하보다 10배나 멀다는데 우리는 과거의 별빛을 보고 있는 게 아닌가? 즉 어떤 별빛은 이곳 지구에 오는 데는 몇백 몇천 몇광년이 필요하다 하니 멀고도 멀구나. 그렇다면 우리 은하계 반대편의 경우 수천 년이 걸린단 말이 되겠다. 빛의 속도로 갈지라도. 솔직히 말해 예수의 말을 빌리자면 예수의 사무실(거처지)은 하늘 그 어디에도 없음이 분명하다. 괜히 있지도 않은 '영원무궁 살 곳 입주 설명서'(바울 신학교리 등 각 종교의 천국길 안내서)를 보고 투자금액을 늘리지 말고 중단하면 어떨까? 물심양면 중 하나라도 아끼고 지구환경 정화에 쾌척한다면 어떨까? 이왕 한 헌금, 기도 헌신, 몸까지 바친 일, 가정에 평화가 깨진 일 등에 대한 억울함도 안고 묻고 가자. 바로 앞에서 말했던 슈퍼지구는 200℃에 암석, 물, 대기가 있다고는 하지만 지구환경과는 비교가 안 되니 이생이 좋을 듯하다. 이 땅이 명당으로 영생주가(永生住家)로선 안성맞춤형 복락 장소다.

참고로 지구와 달 간의 거리는 384,400㎞이고 태양과는 1억 5천만㎞이다. 태양빛이 이곳 필자 집까지 오는 데 8분이 걸린단다. 그리고 북두칠성 중 알카이드 별빛은 101광년으로 지금 오늘 필자가 보는 그 빛은 1919년 3·1 운동 때 비친 빛이란다. 알리오스가 쏜 빛은 81광년이니 해방 전에 쏜 빛을 이제 보는 것이라네. (1광년은 빛이 1년 동안 이동하는 거리인데 위 내용에서 8분은, 우리는 8분 전의 태양을 보는 셈이다. 모든 천체에서 오는 빛이 같은 개념이다.) 1990년에 보이저 1호가 마지막 선물로 찍은 사진 속에 64,000점이 있었다고 했는데(천문학자 칼 세이건의 제안으로 찍음), 그중 한 개 점이 지구라고 말했다. 칼 세이건은 그 지구란 점을 '창백한 푸른 점'이라고 언급했다. 기가 찬다. 우주의 중심이 지구, 지구의 주인이 인간이라고 듣고 배워 왔는데, 그리고 성경에서 바울이 인간이 죽어 좋은 곳으로 간다고 했는데 너무 우리 인간이 초라하고 큰소리칠 게 아니고 바울의 미래 영세 거처지 운운한 말이 어처구니없는 사기란 것에 도달했다. 지구에서 아폴로를 17번 발사해 6번 착륙 성공하고 달의 물건 382kg 가져온 것이 인간 역사의 쾌거 중의 하나일 때 인간의 교만이 부끄럽다. 우주 138억 년 전 빅뱅 사건, 그리고 또 다른 우주가 1,000억 개 이상이 있다고 하는데 죽은 후 땅(흙) 속으로 안 가고 우주 어디로 가려는가?

  캄캄한 막막한 우주에서 티끌에 불과한 8개(수성, 금성, 지구, 화성, 목성, 토성, 천왕성, 해왕성)의 바위와 얼음 가스행성들! 지구 외에 또다른 명당이 있어 생명 이주가 가능할까? 바울이란 사기꾼의 망언, 막말 그리고 내세 장사에 끌려 들어간 예수 이후 인생들. 지구는 외롭고 연약하고 같은 크기였지만 인간이 죽고 난 후 갈 곳은 결국 벌거벗은 맨손으로 와서 몸에 이것저것 걸치고 숨 쉬다가 벌거벗고 빈손으로 고향으로 가서 영세 주거지로 지구 창조자와 함께하리라. 보이저는 태양계 밖으로, 별과 별 사이(성간지역)로 가서 생명 살 곳을 좀더 살필는지는 모르지만.

　최근 속보에 의하면 태양과 같은 별을 지구와 비슷한 거리를 두고 도는 지구 크기의 암석형 행성이 우리 은하에만 60억 개 안팎에 이른다고 전한다. 과학의 발달이 사람을 너무 놀라게 하는 것 같다.

　저 멀리 화성 너머 목성의 폭풍을 지나고 토성 고리도 곁눈질하면서 지나가면 금성, 화성, 수성, 지구와는 전혀 다른 환경이 펼쳐지고 온도 또한 그네들 멋대로 곤두박질치고 별들 간의 거리 또한 수백만이 아니라 수십억 km가 되니 육체가 부활한 후 변화하여 좋은 곳에 바울 신학 교리대로 간다 하자. 과연 그게 영생 복락을 누릴 프로젝트로 욕심꾼들 외 그 누구에게 아멘 소리를 듣겠나? 이같이 장황한 얘기를 간략하게 묶으면, 우주에서 지구는 푸른 점으로 보이나 지구에서 사람은 진토의 한 점으로 보이니 예수 말대로 숨 쉬고 있는 동안 하나님 나라를 떠나지 말자꾸나.

却 제15회 명당은 개개인의 마음이다

　예언과 천문지리, 골상과 관상이나 수상, 사주와 점괘나 점성술, 주역이나 심상학, 명리와 풍수, 흰 수염을 길게 늘인 도사의 훈수나 진인비기(眞人祕記), 환청이나 하늘로부터 들리는 소리(天音이나 天聲), 지성이면 감천의 보상이나 수호천사의 손길, 현몽이나 조상의 음덕 그리고 손쉽게 거머쥘 수 있는 종교활동으로 인한 욕심과 욕망을 충족시키려는 자들이 세상에는 의외로 많다. 그런데 결국 위와 같은 영역에서 최종적으로 획득하려는 미래 종착점은 죽은 후 좋은 곳으로 가서 영생을 희구하는 것으로 정리할 수 있겠다. 그런데 예수께서도 이에 관해 탁월한 의견을 제시하면서도 현실적이고 실재적인 곳을 야무지게 콕 집었다. 바울을 비롯해 여러 특인들이 거개가 먼 곳, 즉 이 세상 밖의 권역을 거론한 데 비해 예수는 가장 가깝고 편리한 명당을 당시 사람들에게 고지(告知)했다. 사실 그곳이 어딜까 하여 궁금하였다. 각 종교 창설자마다 나름대로의 그곳으로 갈 자들의 자격 기준과 가서 영생을 누릴 것을 각양각색으로 홍보하였기에 그곳에 갈 후보자들은 더 좋은 경구(景區) 지역을 선점하기에 신경 썼다. 유전(有錢) 행궁이랄까. 우선 돈이 있어야 하늘(극락)궁으로 갈 계획이라도 세울 수 있고, 헌금이나 시주가 넉넉해야 등록이라도 한다. 유신친신(有信親神)이랄까. 우선 믿음이나 신앙이 있어야 하늘의 신과 가까워질 것은 자명하다. 유애득점(有愛得點)이랄까. 각 종교마다 공통으로 내세우는 사람이 있어야 기본 가산점을 받을 수 있다. 최소한 위와 같은 기초적인 사항만이라도 갖춘다면 하늘나라에 갈 자격은 일단 구비된다. 그러니 보통사람이 영생 복락을 누릴 곳으로 간다는 것은 사람이면 누구라도 분배된 '꿈' 정도밖에 더 이상 진척될 수가 없겠다. 그런데 자아(自我)를 깨달은 예수는 유의미한 기본적인 조건과 관계없이 누구나 가지고 있는 각자의 마음이 바로 하나님 나라라고 파격적인 선언을 했고 또 그렇게 노상(路上) 강론으로 관심을 끌었다. 이걸 그의 추종자들 중 한 사람이 기록해 놓았다(〈누가복음〉 17장 21절). 그러니 땅이나 하늘에 있음이 아니고 현재 생명이 붙어 있는 너희(산 사람) 속에 있다는 것이다. 호흡이 있을 때에만 유효한 명당을 제시한 것이다. 그러니까 죽은 후에는 '너희 속, 너희 가운데'란 실재적 거처지가 소멸(파괴)된다는 것이다. 죽은 시체엔 '너희 안'이란 하늘나라가 없다는 것이다. 살아 숨 쉴 때에만 아버지 나라가 존재한다는 것 아닌가? 그렇다. 명당이 여기 있다, 저기 있다 함은 인간이 만든 운수(명)기(記)에 그냥 써놓은 것일 뿐이다. 필자는 이해가 간다. 만약 명당이 저 어느 곳에 점지되었다 치자. 어느 날 지진이 일어나서 모든 것을 청소해 버린다. 시체고 뭐고 모든 것을 자연의 법칙대로 정리해 버린다. 저 공중에 떠 있는 지구 옆이나 행성 저 건너편 어느 곳에 있다 하자. 은하계마다 중력이 센 블랙홀이 있는데 영생이 존재하는 명당 처소(處所)가 수명이 다한다든지 충돌 등으로 우왕좌왕할 때 인정사정없이 블랙홀 깊은 속으로 함몰될 것이다.

　하늘나라, 극락세계라고 모처럼 자리잡고 있는데 이 은하계나 저 성간(星間) 세계, 이 항성 저 항성 혹은 행성과 행성(예: 목성이 지구를 해코지한다든지)끼리 충돌하여 중력이 센 쪽으로 끌려가 한쪽이 우주의 양육강식(중력에 의해 엉망이 되는 신세) 법칙에 의해서 거주하려던 예정지 무릉도원이 허공 분해가 되는 수가 있어서 그곳 또한 영원한 안식처로써 배척당할 수도 있겠다. 그렇다고 태양계 밖이나 우리 은하계 밖 저 너머 우주에 영원무궁 안식처를 구하겠는가? 너무 멀어서. 실제로 멀다더라. 지구에서 옆에 있는 달까지도 38만여 km거리인데 해왕성까지는 수십억 km(같은 태양계 내에 있는 행성)인데 더 먼 명왕성을 지나 그 넓디넓은 별세계엔 바울이 말한 대로 육체가 무덤에서 어느 날 부활해서 선악 간 선고를 받고 영세처(永世處)로써 배치된 곳에 가자면 영생의 수명이 다한 후에서나 그토록 멀고 먼 거리를 유랑하겠구나. 허기지고 피곤해서 하늘 궁전까지 가기도 전에 포기할 자가 많을 것이다. 그래서 하는 말인데 예수 말대로 살아서 하늘나라인 마음 씀씀이나 잘 관리를!

그리고 혹시나 해서 하는 말인데, 예수께서 하늘나라와 대척적인 나쁜 영세지로서 지옥이란 말은 하지 않았다. 예수께선 지옥에 관해선 알지 못했음이 분명했다. 왜냐하면 바울처럼 잡스런 문화를 알지 못해서일 것이다. 제자들도 지옥에 관해선 무지했기에 질문조차도 하지 않았다. 복음서 저자들은 예수 사후 수십 년 후에 기록하던 중에 그간 들어봤던 지옥이란 말이 스쳤기에 지옥에 관한 약간의 추상적인 지식을 정리해서 넣은 듯하다. 바울이야 그리스 문화를 이미 맛보았기에 활용해 선악에 관해 재판과 그 후에 갈 곳을 자신의 글 속에 써넣었음이 분명하다. 사실 오늘날 문명시대에도 천당, 지옥이란 명당과 악의 소굴(지옥불)을 잘 모르긴 마찬가지다. 그냥 문학을 소재로 도덕, 윤리 차원에서 활용해도 값어치는 한다. 결국 명당은 살아 있고 숨 쉬는 동안에만 가치 있는, 회자되는 말일 뿐이다.

却 제16회 각 경(전)은 그중 하나일 뿐이다

경은 많고 다양하다. 어쨌거나 그 경의 주인공이 가르친 내용은 일반적으로 우리가 알기로는 스승의 말씀으로 여긴다. 그래서 만세사표(萬歲師表)라고 하잖는가. 그리고 거개 사람이 그 경을 읽는 목적은 자연(自然)과 하나됨이 아닌가. 일부는 그 경을 통해 다른 세계로 이동하려는 목적도 있겠지만 말이다. 그렇지만 동의하든 그렇지 않든 모로 가더라도 서울만 가면 된다는 말 또한 광의로 마음을 열고 귀담아보면 이해 가는 좋은 말이다. 필자는 몇 종류의 경을 접해 봤지만 호불호(好不好) 충돌은 피할 수 없겠더라. 오십보백보로 마음을 달랠 뿐이었다. 그 경들의 내용이 거기서 거기더란 말이다. 당나라 시성 이백의 말대로 삼배통대도(三盃通大道: 석 잔 술이면 도에 통한다)며, 일두합자연(一斗合自然: 한 말 술이면 자연과 합한다)이라고 했듯이 사실 우리가 자연과 일체의 경지에 이르면 우리들의 스승이 깨달은 내용과 같음이라 해서 버릇없다고 할 것인가? 우리나라 경인 환(한)국시대의 천부경(天符經. 《구약성경》보다 먼저인 최초 민족철학을 담음), 삼일신고(三一神誥. 대종교의 경전)는 신학 성격을 띤(홍익인간 등) 것으로 환(한)웅시대 것이요, 단군시대의 윤리학 성격을 담은 《참전경》 또한 다른 경들과 별로 거리가 멀잖다. 그래서 나와 0촌인 경은 옳고 나와 10

촌인 경은 볼품없다고 해서는 안 될 것이다. 그러나 일반적으로 선두그룹의 경들의 주체자는 그런대로 시대와 민족을 뛰어넘어 주목받고 있다 보니 남다른 대우도 받고 있음 또한 사실이다. 예컨대 기독교 성경에서 주목받는 예수는 그의 사후에 그의 추종자들에 의해 구세주나 그리스도란 이름이 붙고 절대적인 추앙을 받는 중심에 자리잡았으며, 또한 불경의 주인공으로선 성(姓)이 가우타마(팔리어로는 고타마)요, 이름은 싯다르타로 알려진 샤카무니는 샤카족의 성자를 뜻한 깨달음의 대표자 중 1인이다. 말하자면 성도(成道)한 불타로서 예불을 받음에 하자가 없었으며 해탈자유와 열반적정에 다다름이 목적 달성이 아니겠는가. 결국 예수와 함께 자연(自由人)과 합일(合一)됨에 오차가 없는 듯하다. 다시 말하면 자유인이 되어 자연의 일원이 된 증인이었음이다. 공자 또한 인류의 스승으로서 만인으로부터 추앙받고 있기에 원(元)나라 제2대 성종은 공자를 왕으로 예를 표해 대성지성문선왕(大成至聖文宣王)이란 존호를 올렸다. 위 세 분 외에 또 한 분인 노자도 자연에 합일된 자유인으로 우리들 입에 회자되고 있다. 그의 말 모음집 경 또한 예사롭지 않다. 일언이폐지하고 그들은 인류의 선구자나 선각자의 위치에서 가르침을 남겼는데 그것들이 경으로써 우리를 깨우침에 각각의 역할을 하고 있다. 경을 통해 자연에 도달하게 함에 임무를 다했을 땐 굳이 가슴에 품고 다닐 필요가 있겠는가(사벌등안[捨筏登岸])! 물아일체를 깨달았으면 자유인으로서 창조주의 축복을 만끽하면서 살 뿐이다.

결국 경전 그리고 현자들의 가르침 내용은 거개가 같은 수준이다. 좀더 좁혀서 말하자면《신약성경》〈계시록〉은 한국의《정감록》,《격암유록》그리고 각 시대마다의 예언가들과 같은 무게를 갖고 있음이기에 오십보백보의 무게다. 약자들의 살 궁리책이다. 더욱더 좁혀 말하자면 기독교 경전인 구약은 역사서이자 유대민족의 정체성 확립과 고달팠던 민족애사였다. 유대인의 긴긴 민족서사시라고 해도 되겠다.

더더욱 압축시켜 한 가지 사례를 들어보자. 세계사적인 제국의 대왕인 키루스(《구약성경》에서 고레스 대왕이라고 번역됨)가 있는데,《구약성경》기록자는 그들의 국가신인 여호와의 이름을 빌려 언급하기를 "그는 나의 목자다"(〈이사야〉 44장 28절) 그리고 그는 '기름 부음 받은 자'(〈이사야〉 45장 1절)라고 유대민족 해방자로서의 최상급 존칭을 붙였다. 그리고 〈역대하〉 36장 22절과 23절, 〈다니엘서〉 등에서 키루스왕을 호명하여 흔적을 남겼다. 이는 마치 페르시아 서사시인 피르다우시가 10세기에 신화와 전설을 근거로 하여 건국부터 사산왕조 멸망 때까지를 기록한《샤 나메(王書)》를 남겨 민족의 정체성을 정립함과 비슷하다 하겠다. 우리의《삼국사기》나《삼국유사》등과도 유사성을 가진다. 키루스는 "나는 아케메네스 가문"임을, 그의 발자취를 남긴 '키루스 원통' 등에서 부각시켰다. 그 원통엔 그의 대왕됨의 그릇을 담았다. 즉 자신이 적을 무찌르고 정복(메디아 왕국, 엘람, 바빌론 제국[BC 539년] 등)할 때 "겁을 주지 않고 평화롭게 정복했다"는 정치 선전풍(風)의 글귀를 남겼다. 말하자면 피정복민에게 자비를 베풀었고 풍습 존중 등 편안하게 살게끔 휴머니즘 정신을 강조하였다. 이것을 구약 집필자는 그대로 인용해 부처 같은 인물(메시아격)로 길이 남게 하였다.

《구약성경》 편저자의 평가를 보면 신바빌론 제국의 통치자(BC 605~562년)인 느부갓네살(나보폴라살 아들)은 갈그미스에서 애급의 바로스고를 굴복케 하고 예루살렘을 파괴하고 유대인을 포로로 잡아갔기에 나쁜 왕이란 평가를 받았고 키루스 페르시아 왕은 70년간 포로생활을 했던 유대인을 평화의 모습을 하고 유대민족을 해방시킨 공적으로 만점을 준 꼴이 되었다. 그렇게 흔적을 남겨놓았으니 후한 점수가 나왔다. 붓을 가진 자가 그렇게 위상을 높여놓았다. 그 내용을 신(여호와)의 이름으로 도장을 찍었으니 기름 부은 받은 자가 되었다. 그리고 경전 속에서 무오류의 성령 감동으로 쓰여진 금상첨화로 성경 속에서 떳떳한 군주로 대접을 받았다. 그렇다. 석가, 공자, 예수는 모두가 사람으로 사람의 눈높이로 사람 속에 섞여 '사람끼리'의 관계에 대해서만 말했으며 구속력이 있기도, 없기도 한 경전의 주인공이다. 그들은 지구 밖, 땅 밖의 내용은 모르고 오로지 가르침의 객체가 살아 숨 쉬는 사람이었기에 일반 현자들의 가르침보다 월등하게 돋보인 부분이 있음엔 한계가 있다. 훈장들의 선두그룹일 뿐이다. 만약 그들이 지구 밖에 엄청난 우주가 펼쳐져 있음을 듣는다면 가르칠 교재나 내용이 크게 달랐을 것이다. 물론 엄청나게 잘

못 그린 천국 기획자 바울 또한 현재의 신약 속의 그의 강설 또한 크게 달랐을 것이다. 그래서 모든 경전은 '인간끼리'의 참고서적으로, 교훈으로 알고 삶에 있어서 일엽편주 동반자로 생각하면 좋겠다. 우리의 《채근담》이나 《명심보감》과 같은 수준급으로 알고 너무 면종복배의 인생 꼴이 안 되길 바란다. 하루가 다르게 변화하는 요즘 실용적(실사구시)인 경전 접근법도 고민해 볼 만하겠다. 필자가 중국에서 본 티베트인의 마니차(摩尼車. 경전이 든 원통) 활용을 참으로 탁견(卓見)이라고 감탄했다. 글자를 몰라서든지 시간이 없어서든지 아무튼 이 통을 돌림으로써 불경을 읽은 것과 같은 결과물을 가져온다는 것 말이다. 쭉 가면서 통을 돌리면 공덕이 가(加)해진다. 대형, 대중적 종교집단의 신도들도 마니차 사용 식으로 이 급변 시대에 경전을 가까이해 봄이 어떨까.

却 제17회 예수가 한때 죄씻음 행사에...

예수가 사회 진출을 할 때(필요충분조건을 갖춤. 즉 30세가 되었고 남녀문제를 해결한 듯) 죄풍(罪風)이 대세인지라, 죄 씻는 프로젝트(필자의 조심스런 추리지만, 혹시 문화 교류로 인해 요한이 인도의 갠지스강에서 모든 죄를 씻는 종교적 유습을 받아들여 바람을 일으키지 않았나?)가 예수의 4촌 동갑내기 침례 요한의 진행으로 한창 무르익을 때 예수도 참여하여 대중들 행렬에 섞였다. 당시 유대의 요단강이나 인도 갠지스강은 죄 씻음의 명강(名江)으로써 명불허전(名不虛傳), 손색이 없었다. 2,500만 년의 역사를 지닌 몽골의 바이칼 호수

(최대 수심 1,742m)에 와서 죄 씻는 것이 소원이란 오늘날의 신심 있는 순진한 자들도 있듯이 말이다. 사실 이때 예수의 등장은 요한의 입지를 넓히는 데 한몫했을 듯했다. 필자가 궁금한 것은 예수의 마음과 몸이 숯덩이처럼 죄범벅이었던가? 그래서 죄를 탈탈 털고 물에서 올라올 무렵 하늘에서 아무도 듣지 못한 소리가 들렸다. (복음서 저자가 소리가 났다는 마음의 간증을 써놓은 듯하다. 실제야 어디 소리가 났겠는가마는), "이는 내 사랑하는 아들"이란 소리인 천성(天聲) 말이다. 이제 예수는 죄 없는 인증서와 하나님 아들이란 친자 확인증도 알게 모르게 확보했다. 사실 예수 사후 40~50년 후에 쓰인 복음서 내용은 저자들의 재치 있고 후인들을 깜빡 홀릴 수 있는 내용 아닌가. 필자 또한 죄가 약간 있어서 요단강에서 죄 씻을 채비를 차렸는데 요단강 물이 시냇물처럼 졸졸 흘러 발도 씻지 못하겠더라. 지금도 인도 갠지스강엔 수만 인파가 몰려 죄 씻기 경연대회가 열리고 있다. 소위 종교 대축제 쿰브멜라(Kumbh Mela) 말이다. 앳된 아이들, 곧 넘어질 남녀 노인들도 죄 씻으려고 참여하고 있는데, 필자가 영상으로 보기엔 피부 색깔이 그렇게 보여서지 실제 죄는 보이지 않더라. 2000년대 어느 해에 뭄바이(Mumbai)로 갔던 김에 갠지스강에 가려고 했는데 너무 멀어서 다음 기회로 미뤘다.

이왕지사 말이 나온 김에 몇 자 더 보태자. 문명권마다 색깔이 다르니 죄 씻는 방법 또한 제각각이다. 이슬람교 신자들은 평생 한 번은 메카 성지 순례자 행렬에 끼여서 메카의 카바 신전을 7

번 돌고 모든 죄 없앰이 소원이란다. 그렇다면 권역별, 국가별 세죄소(洗罪所)가 지정되어 있음은 어떨까? 중국 같은 국가는 황하강을 뺀 어느 강 한 곳을, 에티오피아의 젖줄인 청나일강(江), 그리고 케냐의 마라강은 악어 때문에 안 되고 잠비아의 루앙과강 (물론 하마는 조심해야 됨), 동남아에선 우기 아닐 때의 메콩강, 러시아에선 바이칼 호수를 구경삼아 안가라강, 유럽에선 라인강, 미국에선 관광 겸해서 옐로스톤강에 그리고 한국에선 요즘 북쪽에 가고 싶어하는 자들이 많으니 일석이조 여정으로 청천강(淸川江)은 어떨까?

예수는 골방(〈마태복음〉 6장 6절)에서 기도하라고 했으니 귀담아듣자. 크게 떠들고 하나님께서 잘 알지 못하는 문자를 쓰지 않았으면 좋겠다. 혼자 정화수 떠 놓고 기원하는 방법도 권할 만하다.

필자는 간이 배 밖에 나온 상태에서 말하노니 죄 없다. 하나님이 내 안에, 나와 예수는 동기간 관계이므로 세상에서의 허물은 숨 붙어 있을 때만 유효하니 처리하고 갈 것이다. 진실로 말하건대 필자는 죄성이나 죄인(因)이 없다. 하나님 품(흙)으로 갈 것이다. 세죄소(洗罪所)는 필요치 않다.

사실 바울식(원죄론과 만인죄인론)대로 말하면 예수 모친 마리아는 14세쯤 예수를 잉태했겠지만 무슨 죄가 있어서가 아니라 에덴에서부터 내려오는 보이지 않는 죄인(因)으로 인해 바울이 죄인(人)이라 하니 마리아가 죄인이고 부친은 누구인지 모르지만 바울이 예수 부친도 죄 있다고 했으니 양 부모 모두 죄인이니까 예수 또한 죄인이고 요단강에서 씻어야 됨은 앞뒤가 맞는 말이긴 하나, 바울은 크게 잘못된 지식과 선입견 그리고 《구약》〈창세기〉를 잘못 해석하고 주석하여 모두를 도매금으로 죄인이 우글거리는 세상을 만들었다. 예수가 이 내용을 깊이 있게 파악한 후 행사에서 침례를 받았는지는…. 글쎄다. 우리나라 4대강에선 죄를 씻지 않았으면 한다. 식수로 쓰니까! 기독교 신자들이 바울이 환생하여 죄의 속성인 원죄설을 철회해야만 알아들을까?

却 제18화 들어온 놈이 동네 팔아먹는 격

객반위주(客反爲主)랄까? 주객전도랄까, 유대 본토박이 예수가 벌여놓은 잔치판(복음 소식)에 늦게 끼어들어 결과론적으로 기독교가 완전히 바울교가 되어 버렸다는 말이다. 유대 씨족사 위주로 말하면 그들의 원조(元祖) 아담은 만년 이하 때 사람이지만 일반 인류사적으로 최초 현생인류는 약 200만 년 전으로 추정(어림)하고 있잖는가. 그리고 중시조 아브라함의 42대손 예수는 예루살렘에서 약 10여 km 떨어져 있는 작은 도시 베들레헴(지금은 팔레스타인 베들레헴주의 주도)에서 태어났다고 한다. 그러나 바울은 다른 항목에서도 말했듯이 출생지가 모호하다. 혈(血)의 출처도 애매한 인물이다. 필자는 단언하기를 그의 국적(血의 정체성)은 에서(에롬系)의 후예라고 단정해놓았다. 신분이 애매하기가 극에 차 있는 인물이 마치 양두구육(羊頭狗肉: 사실과 다름)이나 양포지구(楊布之狗: 겉모습만 보고 속까지 변했다고 생각함)인지 참으로 착잡하다.

예수는 직접 말하기를 "나는 이스라엘의 잃어버린 양을 위해 왔다(救以色烈主라고 함)"고 했다. 이를 뒤집은 바울은 세상을 구하러 왔다고 하면서 세상 죄를 대속한다고 하여 신학 용어로 구세주(救世主)라고 선언하고 포교했다. 차라리 이스라엘에 국한했더라면 사람들의 피를 적게 흘렸겠지만. 세상으로 확대하다 보니 종교전쟁으로 많고 많은 사람들의 피로 요단강을 넘치게 했다. 이스라엘조차도 구하기 어려운데 세상을 어떻게 한다고? 진짜 제자란 명함을 갖고 예수를 욕되게 했으니 이게 객이 주인노릇 함과 뭐가 다른가? 이름만 팔았지 예수의 말은 눈 씻고 찾아볼 수 없는 형국이다.

却 제19화 꼭 예수를 통해서만 하늘나라로…?

하늘나라(천당)에 가는 데는 반드시 예수의 이름이 서명 날인한 비표(십자가[十字架] 문양이 찍힌 속죄함 받은 증표 등)를 소지하고 입천궁할 수 있다는 말인가? 〈요한복음〉 14장 6절 뒷부분의 "…나로 말미암지 않고는(통하지 않고는, 거치지 않고는) 아버지께로 올 자가(올 사람이) 없느니라"란 문구에서 사람들이 잡혀 있다. 한발자국도 하나님 앞으로 나가지 못한다는 말이다. 예수 명함을 갖지 않고서는! 그런데 어찌하겠나. 예수는 주(主)나 스승(선생)이 아니고 너희의 친구라고 했으니 말이다. 어찌 보면 예수는 우주의 정체를 알고 있었는지도 모른다. 138억 년의 우주 탄생에다가 태양계 밖 별빛이 우리에게 오는 데 몇천(억) 광년 걸린다고 할 때 우리 인간의 탄생과 죽음은 거의 동시라 해도 큰 착오가 없겠다. 몇 년(천 년) 먼저 나고 뒤에 죽음의 시간은 우주에선 순간일 뿐 셈해 봤자다. 모두들 친구 동기간일 뿐! 친구가 친구 집에 가는데 뭐가 그리 까다롭고 복잡한가? 예수 사후 수십 년이 지나 예수의 생전의 말을 각색, 윤색, 왜곡하여 복음서에 기록해 놓았으니 예수가 알면 기절초풍할 것이다. 그냥 아버지 집으로 오라고 할 것이다. 내 이름으로 하늘나라에 가는 것이 아니라 내가 간 그 길로 가면 된다는 것이 옳은 안내서일 것이다. 왜? "나는 길이다. 생명이다. 이것이 진리다"라고 했으니 예수도 그 길을 제시했다. 깨달은 내용이 바로 예수가 말한 길이다. 우리 자신의 주인을 찾음이 예수가 말한 길일 것이다. 하나님이 우리의 아버지이심을 예수가 발견한 것이다. 우리 생명의 정체성을 알았다는 것이다. 즉 아버지의 생명과 예수, 필자 그리고 우리의 생명이 같다는 것이다. 이걸 예수가 알아차린 길이란 것이다. 이걸 깨달음이 생명을 찾은 것, 즉 구원이 아니냐 말이다. 자신을 발견함이 구원된 것이 아닌가! 그래서 예수는 아버지와 나는 하나다(〈요한복음〉 10장 30절)라고 대각(大覺)한 것이다. 예수가 깨달은 내용이 바로 길, 방법, 생명, 진리, 거듭남이며 이렇게 된 마음속이 하나님 나라가 아닌가?(〈누가복음〉 17장 21절) 하도 세상이 요상해서 이것도 옳은 것 같고 저 사람이 말함도 바른 길 같기도 하다 보니 결국 뭐가 뭔지 모르게 됨이 세상의 신학론이 아닌가! 그래서 도잠(자는 연명, 도간 증손으로 강서성 심양사람인 동진 인물)이 그동안 길이 많아(多岐亡羊: 참된 진리는 찾기 어렵다) 노래 한 곡 불러 스스로를 달랬다.

去去當奚道(거거당해도) 가고 또 가는데 마땅히 어떤 길로 갈까?
世俗久相欺(세속구상기) 세속이 오래도록 속였도다
擺落悠悠談(파락유유담) 아득한 말들 다 떨쳐버리고
請從餘所之(청종여소지) 청컨대 나 자신을 따라 갈래요.

자기 속의 자아를 발견한 것이 예수가 일러준 "나는 길이요…"인바 이렇게 되면 자연인(自然人)으로서 참 자유인(自由人)이 됨이 아닌가? 이런 자가 유신론자(有神論者)의 삶의 자세일 것이다.

却 제20회 새겨들어도 될 내용

부부 사이라도 토씨 하나로 인해 최악의 사태까지, 즉 갈라서는 경우를 종종 듣고 본다. 정신문화 체계에서도 왜 없겠는가? 원시종교(애니미즘, 자연숭배, 토테미즘)에서부터 저급종교(주물숭배 등 다신숭배 세계)를 거쳐 혹세 포교(사이비 신인[神人]들의 날뜀)로 난리통 또한 만만치 않으나 대중종교(불교나 기독교 그리고 회교 등)까지 물 흐르듯 하였으면 좋겠건만, 말과 탈은 항상 따른다. 문화 문명의 진화에 따른 어쩔 수 없는 시간과 맞닥뜨린다. 이번 항목에선 기독교 경전 속에 이상야릇한 말에 대해서 곱씹어볼 생각이다.

오래전에 기록된 유대경전《구약성서》와 신교경전《신약성서》

는 하나로 묶어 기독교 경전(성경)으로 일반화되어 있다. 이 오래된 글의 내용이 베끼고 또 베끼고, 또한 사본에 또 사본을 거치는 동안 오해되고, 곡해되고, 왜곡함은 물론 탈자, 윤색, 각색, 첨가, 삭제 그리고 사견(私見)까지 넣어 보통 아니게 시시비비와 시비곡절을 겪고 싸우고 갈리고 또 파가 생기고…. 지금까지도 피 터지게 싸우고 심지어 전쟁까지 불러와 많이 죽었다. 신(神)의 말[言] 한(一) 구절로 왜 이렇게 원수와 적이 양산되는가? 다른 요인도 있겠지만 예수의 말에 대한 바울의 오도(誤導)로 인해 가장 폐해가 큰 결과를 낳았음은 하늘이 알고 독자도 알고 필자가 안다. 필자가 과거에 성경 구절과 문장 하나에 핏대를 올린 적이 꽤나 있었다. 그러나 자연은 그대로 시간을 대동하고 자기 갈 길을 가더라. 그러니까 자연질서(섭리, 법칙)의 파발마는 시간임을 알았다.

　이제 본 제목으로 돌아가자. 몇 가지만 얘기한다. 아담 10세손 노아 때 홍수 난리가 지나고 주변정리를 할 즈음에 노아가 술로 인해 가정 내환이 발생했다. 그의 아들 중에 '함'이 아비의 하체를 보고 난 후 SNS 동영상을 형제들에게 띄웠다. 뭔가 하면 아비가 벌거벗은 광경이다. 이 말이 실제 벌거벗음(누드 상태)일까? 아니면 어떤 학자의 말마따나 함 자신의 모친과의 성관계로 볼 것인가? 근친상간의 벌은 엄청 크다(민사법 몇 조에 있는지 모르겠지만). 부친의 하체 엘와(히브리어)는 여성의 성기와 동일한 단어기에 그냥 하체가 아닌 근친상간 문제로 해석이 튀어나온다. 설득

력 있는 말이다. 모세도 시내광야 텐트 생활 때 좁은 텐트(몽골의 '게르' 식 천막생활) 안에서 이리 뒤척 저리 뒤척 잠자다가 보면 별의별 일이 벌어지니 모세 오(五)경(토라)에서 누구와 누구 간 성관계로 말썽을 일으키지 말라고 상세히 써놓았다. 하기사 이 내용을 실제로 일일이 점검키 어려웠을 모세가 썼겠는가마는 먼 훗날 성경 편저자가 아마 성문란을 상상, 추정 그리고 정황은 있으나 물증은 없었지만, 그렇게 사실적으로 그려놓았다. 함은 엄청난 대가를 치렀다고(후손들에게 영향을 미침)…. 필자가 뉴욕에서 비교종교학 석사과정에서 헬라어를 배울 때 너무 어려워서 포기할 정도로 머리 회전에 문제가 생기더라.

또다른 얘기인데, 지역신이자 이스라엘인들이 초빙한 신(神)이었던 여호와(야훼 또는 야웨)와 이스라엘 직계시조(원[元] 시조는 아담, 중시조는 아브라함) 야곱과 진짜 대판 붙었다. 정상적인 신사적인 싸움이 안 되니까 여호와가 성질이 나서 야곱의 환도뼈를 기습 공격해서 말썽을 일으켰다. 비신사적인 싸움 규칙 위반이 되었다. 이 환도뼈는 이곳 뉴욕 전문의도 잘 모르는 부위였다. 이 환도뼈는 도대체 뭣일까? 〈창세기〉 32장 25절에 대해 킹 제임스 성경(KJV)에는 '넓적다리'로 번역되어 있다. 우리 《개역성경》의 해석 환도뼈와 다른 번역으로 되어 있다. 환도뼈는 솔직히 말해서 성기다. 넓적다리든 환도뼈든 남녀 성기를 표시한다. 필자도 모친의 넓적 양다리 사이를 통해서 나왔듯이 말이다. 이때 야곱이 이겼으니 망정이지 자칫하면 야곱의 후손인 유대나 이스라엘이 지구상에서 몽땅 날아갈 뻔했다. 고자가 되면 아이가 땅에 나올 수 없잖나? 겨우 야곱의 승리로 후손 이스라엘이 생겨 오늘날도 지구상에서 노벨수상자 최다수 보유 국가로 기록되고 있다. 어쨌든 노아의 하체는 여자의 성기, 야곱의 환도뼈는 남자의 성기를 에둘러 문예소질이 있는 아브라함 후손의 기막힌 머리회전의 산물이다. 또 〈이사야〉 7장 14절, "…처녀가 잉태하여 아들…" 이 내용 또한 탈과 말이 보통이 아니다. 왜? 예수와 직결되기 때문이다. 처녀(동정녀)는 '알마'로 혼인 연령에 달한 여인을 가리키는데, 또 한 번 솔직히 말해서 BC 8세기 처녀와 예수의 모친 동정녀와는 전혀 관계없는 전형적인 아세곡학(곡학아세[曲學阿世])이요 아전인수식(이현령비현령)의 예다. 〈마태복음〉 1장 23절 기록자는 재치 있다. 이사야 내용과 예수를 연결했으니 말이다. 그렇다면 처녀(동정녀)라고 마리아를 높여보자(믿을 자는 없겠지만). 그렇다면 아비는 누구냐? 가브리엘인가, 아니면 그냥 어느 남정네인가? 남자는 분명히 맞다. 남자라야 마리아에게 DNA를 밀어 넣을 것 아닌가? 또다른 얘기로써 "롯의 처를 생각하라"란 말이 나온다. 그녀가 소금기둥이 되었다는 유명한 일화로 물질만능의 교훈 얘기 말이다. 세상 재물에 롯의 처만 욕 얻어먹는 꼴의 대명사가 되었다. 〈창세기〉 19장 26절에 "롯의 아내는 뒤를 돌아본 고로 소금기둥이 되었더라." 이 롯은 하란의 아들이며 아브라함의 조카다. 모압과 암몬의 조상으로 이력이 대단하고 권위도 있다. 그리고 그의 아내는 흥청망청의 시대에 마담 역으로 데뷔

한 여인이다. 세계 곳곳에 롯의 처가 소금기둥이 되었다는 소금기둥이 꽤나 많이 남아 있다. 지금도 카자흐스탄의 소금 피라미드 모양이나 남미 등 여러 지역이 화산의 영향으로 소금산맥, 소금바다, 소금돌, 소금산(山)과 호수… 등이 여기저기에 있는바 〈창세기〉 편저자는 머리가 좋아서 소금기둥에 착안하여 롯의 처에게 접목시켜 기막힌 소설 내용을 남겼다(독자가 판단할 몫임). 이 정도로 머리회전이 있어야 〈창세기〉가 빛이 발하지 않을까! 또 아프리카 지역에 선교활동을 할 때 예수가 우리의 시커먼 죄를 눈과 같이 희게 씻는다고 하니 아프리카인들이 평생 눈(Snow, 雪)을 보지 못해 눈이 뭐냐고 묻더란다. 그리고 숯을 죄로 비유하고 말이다. 없는 죄가 있는 죄로 사람 잡는 경우다.

〈마태복음〉 1장 6절에 《개역한글 성경》은 "다윗왕은 우리야의 아내에게서 솔로몬을 낳고"인데, 《흠정역 성경》(킹 제임스 성경)엔 "다윗왕은 우리야의 아내였던 여자에게서 솔로몬을 낳고"인데, 독자께선 감 잡았는가요? 전자는 불륜, 후자는 재혼으로 아들을 낳았다는 말 아닌가. 그때 법이 있었으면 우리야 장군은 다윗을 상대로 큰 돈을 받았을 텐데….

이상으로 환도뼈, 하체, 갈비뼈, 처녀(동정녀)와 소금기둥 얘기를 했는데, 한 가지만 간략하게 쓰겠다. 예수가 십자가상에서 했던 7언(七言) 중에서 "엘리 엘리 라마 사박다니"란 말이 있는데, 이는 표절문제로 예수에게 골치 아픈 과거사가 될 뻔했다. 물론 진위를 가려야겠지만. 이는 불교계(라마불교)의 주문(呪文)인데 "엘리 엘리 라마 삼약 삼보리 다라니"와 비슷한 것이다. 잃어버린 18년의 예수 생애란 말이 떠도는데, 어느 곳에서 이런 얘기를 예수가 들었는지(?) 십자가상에서 완전한 말귀 암기에 문제(혼미한 예수의 당시 상태)로 완결치 못했음이 아닌가 하고 표절의 문제가 말끔하게 처리되지 않고 있다.

이왕지사 표절문제가 나왔으니 한마디만 덧붙이자. 흙으로, 갈비뼈(늑골) 등으로 사람 만드는 문제는 골치 아픈 문제 중 하나다. 〈창세기〉의 창조 내용이 쓰여지기 이전에 수메르족의 점토판에 〈창세기〉와 비슷한 내용이 나오는데, 사람 만드는 문제는 아마도 수메르족 점토판의 내용을 〈창세기〉 기사를 쓴 기자가 표절이나 참고 또는 활용한 것이 확실하다. 각 민족을 창조할 때 사람의 조상의 출현과정이 나오는데 대동소이한 기록이 꽤나 된다. 〈창세기〉 창조기사도 그중 하나임엔 심증이 간다.

우리가 살고 있는 지구뿐만 아니라 다른 행성에서도 지진, 화산폭발 또는 산과 바다가 뒤엉기는 사례가 있다. 아담 이전에도 지진, 쓰나미 등 자연재해가 비일비재했다고 본다. 그렇다보니 세계 도처에 거의 비슷한 홍수설화가 등장되었고 〈창세기〉 기자는 이를 끌어들여 자기 것으로 고정화, 특화시켰다. 이게 모두 대자연 현상이요 기후의 역할이다. 그중 하나가 〈창세기〉의 홍수 얘기가 우리 창조사에 백미로 등장되어 있으니 너무 〈창세기〉에 치우치지 않았으면 좋겠다. 정제된 표절이니 예쁘게 봐주면 된다.

설사 써먹었으면 어떤가. 필자도 공자, 노자, 예수, 부처가 말한 것을 많이 써먹고 당나라 시인들의 시구도 차용하여 내가 쓴 것처럼 써놓지 않았는가! 부질없다. 자연은 쉬지 않고 우리 인생을 안고 있더라! 얘깃거리가 많지만 이만 쓰자. 다음 기회로 미루고.

却 제21화 이구동성으로…!

이 글은 좀 길겠지만 작심하고 쓴다. 바울의 궤변을 반박하는 면에서도 조롱하는 입장에서도 써야겠다. 뭔고 하니 사람은 죽은 후 어느 때에 다시 살아나서 소란을 피우는 모습을 얘기한 사기 친 발언 때문이다. 자기의 스승이라 했던 예수도 죽음을 인정했건만. 예수는 〈요한복음〉 14장 2절에 "내 아버지 집에 저택들이 많다. … 내가 너희를 위해 처소를 예비하러 간다"고 했다. 삶(생명)이란 본래는 창조주 안에서 머물고 있었던 것인바 그때는 형체도 없었다. 형체가 없었을 뿐만 아니라 기(氣)도 없었다. 그냥 흐릿하고 어두움 속에 섞여 있었겠다. 그러다가 먼저 있던 양성(부모)의 기(氣)로 인해 형체가 생겼다(물론 이에는 지수화풍[地水火風]의 도우미가 절대적임). 그리고 삶을 갖춰 주어진 기간(운명)을 채우고 죽음을 맞는다(자연이란 춘하추동같이). 그런데 죽음이란 천지(天地. 자연)라는 커다란 방에 입실하여 편안히 누워 있음이다. 매우 큰 거실이 아닌가(人且優然寢於巨室). 예수가 "내 아버지 집엔 거할 곳이 많다"고 하여 누구든지 죽은 후에 들어갈 수 있는 공간

(하나님 품)이라고 죽음의 뒷모습을 그가 분명히 말하지 않았는 가? 바울이 예수와 일면식도 없었으니 부활 운운했음도 이해는 가지만 그렇게까지도 예수의 생각과 거리가 멀었단 말인가? 모든 인생은 귀천 없이 하나님의 큰 저택으로 가게 된다. 예수의 말에 동의하는 자 많다. 이구동성으로, 좀 길지만 들어보자.

- 생년불만백 상회천세우(生年不滿百, 常懷千歲憂: 사람은 100년도 못 사는데 천 년 뒤의 일까지 걱정한다네).
- 중국악부 시집 잡언 시(詩)에 "인사일거하시귀(人死一去何時歸: 한 번 죽으면 다시는 못 온다)."
- 《악부시집》 칠언고시(七言古詩) 〈고리(蒿里)〉란 시에 "고리수가지 취렴혼백무현우(蒿里誰家地 聚斂魂魄無賢愚: 고리 땅은 누가 살고 있는 집인고, 그곳엔 현인 바보 구별 없고 죽은 혼백이 모아져 있다네)."
- 성당시인 왕유 7언 율시 중에서, "세사부운하족문(世事浮雲何足問: 인간사란 뜬구름 같아 말할 값어치도 없구나)."
- 성당 대(大)시인 이백(호: 청년거사, 이태백으로 더 알려짐)은 그의 칠언고시(七言古詩) 〈장진주〉에서, "고래성현개적막(古來聖賢皆寂寞: 옛날부터 성인 현인 모두 한 번 죽고 말면 그뿐이라네)."
- 성당 대(大)시인 두보(호: 소능)는 그의 오언고시(五言古詩) 글 어느 시 첫 구와 끝 두 구에서 "인생불상견… 명일격산악 세사양망망(人生不相見… 明日隔山岳 世事兩茫茫: 인생은 서로 만나지 못하는 것이기에… 내일은 산 이쪽 저쪽으로 byebye하리니 인간세상 어떻게 될지 쌍방 모두 감이 잡히지 않는구나[망망하도다]."
- 만당 시인 우무릉은 5언 절규 그의 시 〈술을 권하며〉에서 끝 구절

에 "인생족별리(人生足別離: 인생이란 원래 이별로 꽉 차 있다네)."

- 정호(호: 명도, 정이 형[兄]으로 송나라 대[大]학자)의 7언율시 〈추일우성〉에서 3구와 7구 "만물정관개자득(萬物靜觀皆自得: 만물은 모두 제 분수대로 편하고), 사입풍운변태중(思入風雲變態中: 자연의 섭리 안에 있음을 알 때 도[道] 트인다(깊은 생각에 사로잡힌다)."
- 진 말기 시인 도잠의 잡시 5언고시 첫 구와 마지막 구를 보면 "인생무근체(人生無根蔕: 든든하게 뿌리 내릴 근[根]이 없기에), 세월부대인(歲月不待人 세월은 사람을 기다려 주지 않네그려)."

  도잠은 또 〈귀거래사〉에서 "우주의 기를 타고 우주의 기로 화하여 돌아가리니 천명을 즐길 것이지 무슨 의심이 있으랴"고 했는데 자연으로 돌아간다는 냄새를 풍겼다. 영원히 본댁으로 돌아가려 한다네(영귀어본댁[永歸於本宅]).

- 당 시인 유희이의 칠언고시(七言古詩) 〈대비백두옹〉이란 시의 중간쯤에, "연년세세 화상사(年年歲歲花相似: 해마다 피는 꽃은 비슷해도) 세세연년인부동(歲歲年年人不同: 해마다 사람은 자꾸 바뀐다)."
- 당 초기 시인 진자앙의 잡언시 〈등유주대가〉란 시에 〈전불견고인(前不見古人: 옛날 태어난 사람은 만날 수[볼 수] 없고) 후불견내자(後不見來者: 뒤에 태어난 사람도 만날 수[볼 수] 없구나)."
- 장구령의 시를 음미하고 웃어보자.

  숙석청운지(宿昔青雲志 옛날엔 청운의 뜻 품고 있었지만)

  차타백발년(蹉跎白髮年 우물쭈물하는 새 벌써 백발의 나이)

  수지명경리(誰知明鏡裏 누가 생각이나 했으랴고 거울 속에서)

  형영자상련(形影自相憐 나와 내 그림자가 서로 불쌍히 여기더라).

- 남송 때 시인 육유(호: 방옹)는 〈아이에게 부탁함〉이란 7언절구에 나오는 첫 구, "사거원지 만사공(死去元知 萬事空: 사람이 죽으면 만사가 헛되다는 것쯤은 원래부터 알고 있다네)."
- 남송 말(末) 시인 문천상이란 충신도 7언 율시 〈영정양을 지나면서〉에서 끝 구절 바로 위의 구절, "인생자고수무사(人生自古誰無死: 인생이 자고로 죽지 않는 자 있겠는가마는)"라고 했다.
- 명나라 시인 방효우(방효유 동생)는 우국지사로 사람은 죽은 후 부활하지 않음을 그의 시 7언절구 〈형님에게(示兄)〉의 끝구에서 밝혔다. "여혼의구도가산(旅魂依舊到家山: 우리 영혼도 옛날 사람처럼 함께 고향으로 돌아가잖는가요)"라고 형을 격려했다.
- 북망산에 한번 등록하면 누가 아(我)인지 군(君. 그대)인지 분별 안 되니 시비(是非) 또한 없겠네.

이 정도로 해놔도 바울이 부활과 재림을 외침에 신자들이 아멘할 텐가? 《구약성경》〈시편〉에도 인생 수명을 70으로 봤고 많이 살면 80으로 써놓았다. 예수의 측근 제자 베드로 또한 초로 인생이라고 하여 부활을 생각 않았다. 그러니 필자가 쓴 각언(呂言) II와 III에 바울의 오도론(誤導論), 혹세론(惑世論)이라고 했음이 옳았잖는가? 그럼 몇 사람의 노래 더 듣고 가자.

- 당나라 때 여자 통치자 측천무후 때 시인 낙빈왕(초당 4걸 중 1인으로 낙빈왕이나 왕이 아니고 이름이다)의 시 〈역수송별〉 3, 4구에 보면 "석시인이몰(昔時人已沒: 그때의 그 사람은 이미 갔건만) 금일수유

한(今日水猶寒: 역수[易水]는 아직 그대로 차네.)"

- 진자앙의 〈감우〉란 노래 전체가 10구(句)인데 그중 9구(句)를 보면, "백일매불귀(白日每不歸: 흘러간 세월 돌아오지 않으니).", 그리고 감우 4편의 7과 8구에 "운명유소우(運命惟所遇: 운명이란 오직 그 만남에 있을 뿐) 순환불가심(循環不可尋: 돌아가는 하늘 이치 헤아릴 길 없구나)."

- 당시인 장열은 그의 시구에서

  昔記山川是(산천은 생각해 보면 옛날 거기인데)
  今傷人代非(슬퍼하건데 사람은 지금 그 아니다)
  往來皆此路(가고오면서 나는 늘 이 길인데)
  生死不同歸(생사 다르며 함께 오지 못했네그려).

- 이태백은 그의 〈몽유천모음유별(夢遊天姥吟留別)〉에서, 고래만사동류수(古來萬事東流水: 예로부터 모든 일은 동으로 흐르는 물이니라)고 해서 지나거나 죽거나 어쨌든 후인과는 만날 수 없다고. 그리고 그의 〈행로난〉 끝부분에

  차악생전일배주(且樂生前一杯酒 우선 생전에 한 잔 술을 즐길거나)
  하수신후천재명(何須身後千載名 천년에 남는 이름 죽은 뒤에 무엇하리)

거지 나부랭이가 되어도 이생이 낫다는 말 아닌가! 또 그의 〈파주문월〉이란 노래 거의 끝부분(필자의 눈이 자주 가는 시구임)에

  금인불견고시월(今人不見古時月 지금 사람은 옛날 그 달(月)을 못 보지만)
  금월증경조고인(今月曾經照古人 지금 저 달은 옛사람을 비쳤으니)

고인금인약류수(古人今人若流水 옛사람 지금 사람 흐르는 물 같건만)
공간명월개여차(共看明月皆如此 그들은 다 이렇게 저 달을 보았으리.)

오늘 보름달을 보고 있는데 에덴의 아담도, 조선조 연산왕(王)도 물론 보았겠다. 물론 요, 순이나 칭기즈칸도 보았고말고.

- 백거이(자는 낙천이요 호가 향산거사)는 그의 옛 무덤이란 노래에서

    고분하대인(古墳何代人 저 옛 무덤은 그 언제 사람이고)
    부지성여명(不知姓與名 그 성도 이름도 알 수 없나니)
    화위노방토(化爲路傍土 이제 길가의 흙으로 변했건만)
    연년춘초생(年年春草生 해마다 봄이 오면 풀은 그대로 나오네.)

- 도연명의 〈귀원전거〉 제4수 끝에

    인생사환화(人生似幻化 인생은 환상과 같은 것)
    종당귀공무(終當歸空無 끝내는 공으로 돌아가네).

그리고 그의 11수 중간 이하에서는

    사거하소지(死去何所知 죽은 뒤 무엇을 알겠는가)?
    나장하필악(裸葬何必惡 나체로 장례 지냄이 어찌 반드시 나쁜가)?

- 두보의 〈무가별〉이란 노래 6구에 보면(32句 중에서)

    사자위진니(死者爲塵泥 죽은 이는 흙이 되었네).

80

바울이 죽었다가 다시 살아나서 공중으로 올라가서 예수와 랑데부한 후 선, 악의 심판이 있다는데 과연 예수가 이런 식의 말을 남겼겠나? 그런 말을 했다면 베드로, 요한 등 그의 제자들도 했을 것인데 유독 바울만 어느 지역의 글을 베껴와서 부활한다고 썼는지 다시 과거사위원회를 구성해서 알아봐야겠다. 흙으로 가야만 하나님의 자식된 증거이거늘! 2016년 4월 세월호 해상 사건도 골백번 조사하는데, 바울의 과거를 몇 번 조사를 더한들 어떨까?

- 또 중국 맹교란 시인의 〈청금〉이란 노랫말 15, 16구(句)를 보자.

  학도삼십년(學道三十年 30년을 배우고 닦았건만)
  미면우사생(未免憂死生 생사의 근심에서 벗어나지 못했네).

- 원(元)나라 시인 조맹부(호: 송설도인)의 〈악악왕(王)묘〉란 시 5구에서, "막웅이사차하급(莫雄已死嗟何及: 영웅은 이미 죽었는데 탄식한들 무엇하리)."
- 송나라 시인 위야는 "노불한유년(老不恨流年: 늙은 몸 세월 가는 것 한하지 않네)"라고.
- 북송 시인 소식(호: 동파)은 아내 왕불이 세상을 뜬 지도 10년 세월이 흘렀지만 부활은커녕…. 어느 날 밤 꿈속에서 상봉했는데, 아내는 소식에게 심각하면서도 잊을 수 없는 슬픔을 가져다주었다.

십년생사량망망(十年生死兩茫茫 10년 동안 이승과 저승에 갈라져)
불사량(不思量 생각지 않을래도)
자난망(自難忘 잊을 수 없네)
천리고분(千里孤坟* 머나먼 천리 밖 외로운 무덤이여)!
(*坟는 '매'가 아니고 '분'으로 읽도록)

소식은 그의 스승 유자휘 사당에 백세여견(百世如見)이란 현판을 쓰고서 언제나 뵙겠다고 했다(복건성 우이산(山)에 스승의 사당이 있음).

자연 천리(天理)를 바울이 1시간이라도 공부했더라면 그의 포교활동에서 부활이나 승천 같은 해학적인 말을 하지 않았을 텐데! "만생만물(萬生萬物)은 본래무일물(本來無一物)"임을 왜 숙고치 않았을까. 인생은 우연과 필연을 따라, 즉 지수화풍(地水火風)이 모여 인간이 되었다가 뼈는 흙으로, 피는 물로, 연기는 불로, 기운은 바람으로 되돌아감을!

이제 우리 지식인들의 말 한번 들어보자.

- 최충은 고려 때 학자로서 호가 성재(해주 최씨)인데, 그의 노래 가사 중에, "고금 영웅은 北邙으로 드닷말가"(북망(北邙)은 중국 낙양에 있는 산 이름으로 묘지였다. 그리고 드닷말가는 간단 말인가의 뜻이다.)
- 우탁(단양 우씨)은 필자가 잘 써먹는 노랫말인데

한 손에 가시를 들고 또 한 손에 막대 들고

> 늙는 길 가시로 막고 오는 백발 막대로 치랴트니
> 백발이 제 몬저 알고 즈름길로 오더라.

라고 했다.

- 연일 정씨 포은 정몽주는 "엇더타 우리의 왕손은 귀불귀(歸不歸: 다시 돌아오지 않음)를 하느니"라고 불렀고 〈단심가〉에서도 "골백 번 죽고 죽어 백골이 되었다"고 했다.
- 송순(호: 면앙정, 신평 송씨)은 이황 선배로서 강호가도를 수립했는데 그의 노래 들어보자.

> 늙었다 믈너가쟈 마음과 의론하니
> 이 님을 바리고 어드러로 가쟛 말고
> 마음아 너란 잇거라 몸만 몬저 가리라.

사실 몸이야 고향에 간다 하지만 흔적은 남았잖는가!

- 아주 임씨 백호 임제 또한 인생의 허무함을 노래했다. "紅顔을 어듸 두고 백골만 무텻는다"라고.
- 진보 이씨 이황(호: 청량산인)은 당시인 진자앙과 비슷한 생각으로 한 곡 불렀다.

> 古人도 날 몯 보고 나도 古人 몯뵈
> 古人를 몯 봐도 녀던 길 알픠 잇뇌
> 녀던 길 알픠 잇거든 아니 녀고 엇덜고.

(*녀던 길은 다니던 길로 보면 되겠다.)

위 노래 마지막 구절은 그 걸으신 길이 앞에 있는데 어찌 행하지 않겠는가.

- 최근 어떤 가수 또한 위와 같은 이들과 동조하기를

  친구야

  인생 별 거 없드라

  …

  어차피 한 세상 살다

  한 줌의 흙으로

  돌아갈건대

  이 세상 누구도

  영원한 삶은 없다네

  …

  언젠가 나를 부르면

  자연으로 흔쾌히 돌아가세나.

그렇다. 모든 인생들은 "금부백창개생어토 이반어토(今夫百昌皆生於土 而反於土)"겠다. 연안 이씨 백주 이명한은 대제학까지 역임한 명문장가였는데, 그가 22살 때 광해왕과의 정담을 나누던 중 인생의 허무감에 대한 그의 답변 중에 "인생이란 부싯돌의 불처럼 짧고 우리네 인생도 끝이 있어 늙으면 젊음이 돌아오지 않습니다. 세월 가는 것을 안타까워하는 것은 부질없는 것입니다"라고 젊은 엘리트다운 소견을 밝혔다.

- 덕수 이씨 이행은 노래하기를 "평생교구진조령(平生交舊盡凋零:

사귀던 친구들 모두 세상 떠나네)"이라고 초로의 인생을 한했다. 그는 또 "사생증계활(死生曾契闊: 죽고 삶에 일찍이 서로 약속했다)"이로다!

- 성삼문은 "황천무객(일)점(黃泉無客[一]店: 저세상엔 여인숙도 없다)일세"라고 해 이미 황천에 여행했다는 듯 경험담처럼 노래를 불렀다. 천주교에선 황천 가는 길에 연옥이란 유료호텔이 있다고 하던가?
- 여산 송씨 귀봉 송익필은 "후아기인선아거 각귀기지우하쟁(後我幾人先我去 各歸其止又何爭: 내 뒤의 사람들이 몇 명이나 나를 앞질러 가려는가? 결국 각자 제자리로 돌아가리니, 뭣 때문에 다투겠는가)이리요"라고 노래했다.
- 성세창(호: 화왕도인, 김굉필 제자)은 이자(호: 몽옹, 한산 이씨)를 애도하는 시에서 "저승길로 모두 돌아갔구나 옛 친구들이여"라고 목소리 높였다.
- 기묘사화 때 목숨을 내준 김정(호: 충암, 경주 김씨)은 인간의 끝을 이미 알았다.

오늘밤 저승으로 영원히 돌아가는데
부질없이 밝은 달만 인간세상 비추네.

라며 달의 우둔함을 알렸다. 그래서 필자가 덧붙이기를 "천지(天地)는 유만고(有萬古)이나 차신(此身)은 부재득(不再得)이로다."

- 부처나 예수는 진작 인생의 끝은 동일하다는 생명의 공평성을 설파했잖았나?
- 동서양 지식인과 다른 견해를 가진 자는 《신약성경》 교리 창설

자 바울 이외엔 아무도 찾지 못한 필자는 바울에 대해 사람들을 잘못 오도했고 사회를 어지럽게 한 역천자(逆天者)로 고발하고 싶다.

- 이제 끝내겠다. 우리 건너편 나라 어느 나그네는 말하기를 "우리는 오직 한 번 산다. 그러나 잘산다면 한 번도 족하다(You only live once, but if you live right, once is enough)"고. 보라! 일본에도 양심과 투쟁한 지식인이 있었잖는가!

- 필자는 이제 내일 모레면 80이 되는 노정에서 회고하는 맘으로 중국 당나라 선승 동산양개의 게(偈)의 글귀 적어놓고 마치겠다.

절기종타멱(切記從他覓 그를 밖에서 찾지 말아라)하라
초초여아소(迢迢與我疏 갈수록 나한테서 멀어진다)리니
아금독자왕(我今獨自往 나 이제 홀로 가면서)하여
처처득봉거(處處得逢渠 곳곳에서 그를 만나노라)라
거금정시아(渠今正是我 그가 바로 나인데)니
아금불시거(我今不是渠 나는 그가 아니로다)로다
응수임마회(應須恁麼會 이렇게 깨달아야만)만
방득계여여(方得契如如 바야흐로 부처(창조주)와 하나됨)니라.

이 말은 예수가 "창조주 하나님과 하나다"란 말과 경주 최씨 최제우의 '인내천(人乃天)'과 맥을 같이한 말 아닌가? 바울은 이것을 깨닫지 못하고 죽은 후 어느 날 부활한다고 자연법칙과 우주 섭리에 반기를 들고 반역했으니 천역자요 반역자요 천도와 천리 그리고 우주법을 어긴 혼란을 야기한 자로 규탄한다. 이것이 이 책의 주요 골자가 되고 바울을 성토함의 핵심이다.

却 제22화 특정 수(數)에 갇혀 있는 경전

어느 경전이든 약간의 특정한 자연수에 얽혀 있음은 틀림없다. 물론 의도적이고 계산적이다. 그중에 특히 성경 신·구약은 특별한 수에 머물러 있다. 그 수가 비사(秘史)이기도, 예언이기도 하면서 하늘의 운행과도 관련이 있겠다. 예수가 태어날 무렵 이란 카샨 지방에서의 3인의 동방 식자(천문지리에 밝은 인물들)의 예루살렘으로의 발길도 그 숫자에 머물러 있기에서다. 3의 배수로 숫자 그물망에 갇혀 있다. 3은 우리나라에서도 유의미한 숫자다. 12는 이스라엘 12지파와 이스라엘의 12방백, 예수의 12제자(실제로는 측근 제자가 14명임), 금강산 12,000봉(12의 천(千) 배수) 등, 18, 24, 42(52는 아즈텍에서 신성시하는 숫자) 등은 복음서와 〈요한계시록〉에 몇 번이나 등장된다. 참고로 노아 때의 방주 길이가 300큐빗(cubit. 1+2+⋯+24=300)이다. 24에 대한 여담이긴 하지만, 송의 대학자 주희는 그의 조상들이 묻힌 문공산(文公山) 인근에 한천정사를 짓고서 친구 여조겸과 함께 성리학 입문서인 《근사록》을 편찬한 후에 정사 주변에 삼나무 24그루를 심었다. 역사상 24명의 효자를 기리는 생각으로 24명을, 그에 맞추어서…. 60은 모세가 애급을 나올 때 남정네만 60만 명을 인솔했다는데 필자가 시내 광야를 답사해 봤더니 남정네 600명(가족 포함 약 2,400명 이상) 정도가 살았다 해도 엄청나겠더라. 당시엔 오늘날의 모습과는 매우 달랐을 텐데도 말이다. 유대인 학살 600만 명이라는데…. 81은 우리나라 경전 《천부경》에도 나오고, 《고려 대장경》 81,352장인데, 이를 8만대장경이라고도, 《명심보감》에 "일언부중천어혈(一言不中千語穴: 한마디 말이 딱 맞지 않으면 천 가지 말이 쓸데없다)"이라 했듯이 함부로 쓰지 않았다는 말이 내포된 듯하다. 108은 앙코르와트 사원에 108개 석상, 중국 소설 《수호전》에 양산박 얘기(수령동[洞]이란 곳)에서 108명 활동, 108번뇌는 모두 아는 것이고, 브라만교 《리그베다》는 10,800개며 아그니카야에선 10,800벽돌로 구성, 고려 26대 충선왕이 중 108명에게 음식을 대접했으며, 108만 개의 등에 불을 켜 서원했음도 의미 있는 의례 행위였다. 부탄에서는 마니다르(Manidhar), 즉 망자를 위해 세우는 108개의 깃발을 세운다(좋은 곳에서 태어날 수 있도록). 한편 네팔에 있는 힌두교 성지 묵티나트 사원 앞에 108개의 파이프를 통해 히말라야에서 흘러내리는 신성한 물로 죄를 씻어내고 다시 태어나기 위한 열반의 소망이 담겨 있는 의식에 눈길이 간다. 약간 곁길 얘기지만 아프리카 잠비아와 짐바브웨 간 빅토리아 폭포(세계 3대 폭포 중의 하나) 높이가 108m이다.

순서에서 72가 빠졌는데, 별도(부록식으로 첨부)로 72가지 사례를 적어놓았다. 이 숫자는 매우 중요하니까. 108을 아직 덜 썼다. 108배, 108개 염주 장식 등. 144는 《요한계시록》에서 나오는 수인데 많이들 들었을 것이다. 144,000명이 어떻게 된다든지 말이다. 남사고(호: 격암, 의령 남씨)는 그의 저서에서, "일만이천수각솔

십이신인선정후(一萬二千數各率 十二神人選定後)"(즉, 12×12,000=144,000임), 또 "일백사십사시고 성충신의사입금성(一百四十四時高城忠臣義士入金城)"이라고 《격암유록》 도부신인[桃符神人]에서) 적어놓았다. 그뿐만이 아니라, 《신약성경》 〈계시록〉의 금으로 만든 자(금척)와 같은 의미로 우리나라 역사 문헌 곳곳에서 나온다. 다시 말해 위급 시의 특별수 144,000은 〈요한계시록〉 14장 1절에서 4절 사이 내용과 《격암유록》의 암호 수와 동일(同一)했음을 알 수 있겠다. 십사만사천은 모두 유대인으로 그것도 남자 수(12부족×12,000명)이다. 여자는 숫자로 치지 않는다. 그리고 다른 민족의 계산은 없으니 한국 기독교인들은 김칫국을 마시지 말라. 153이란 수는 〈요한복음〉 마지막 장에 나오는 고기잡이 얘기에서 나온다. 베드로가 한 마리, 두 마리… 153마리를 앉아서 세었단다. 진짜로? 이 숫자는 헬라 문화에서도 중요한 수다. 원래는 히브리어 낱말 수 값 153=2+50+10+5+1+30+5+10+40의 합(合)으로 신성수다. 하나님의 아들이란 낱말을 글자로 합산한 수 값이다. 피타고라스란 학자도 이 수를 언급했다(성경이 나오기 전에). 영혼과 물질을 상징하는 두(two) 개의 원(○○ 비율 153:265)(예수 시대 물고기 두 마리 시대[쌍어궁] 또는 물고기 두 마리 5,000명 먹인 기적)이 신성한 결혼(영혼과 물질)으로 결합된 뜻이다. 물고기 척도(강력한 수학 도구)라고 했던 것이다. 그러니까 〈요한복음〉 편저자는 구체적이고 극적인 효과를 높이기 위해 조심스럽게 계산된 고도의 숨은 비사를 활용했다. 지금 필자가 쓰고 있는 모나미 볼펜에 153이 쓰여 있는 것을 모르는 자 있을까! 실제로 복(福)과 깊은 관련이야 있음은 당연지사다. 유대 회당에서 경을 낭독시《구약성경》 7명의 낭독자 중에 반드시 1명은 모세 5경(토라)의 153분절 중 하나를 꼭 읽도록 강제 규정되어 있다. 그러니까 153의 물고기 잡은 숫자가 그냥의 숫자인가? 그리고 물고기 두 마리는 이미 유명한 얘기 아닌가?

다음은 216이란 숫자인데, 베로수스란 자는 창조 때부터 세계적인 대재해가 일어날 때까지의 기간을 216만년이라 했다(72수와 관련). 재해라 하니까 뒤에 말할 666 짐승 수가 미리 생각나는구나. 태양이 별자리 하나를 이동하는 데 걸리는 시간이 2,160년이라고 한다. 세차(歲差)운동(북극은 25,800년을 주기로 함)과 관련되어 216 또는 2,160이란 수와 얽혀 있다. 216이란 숫자는 경고 숫자로 알려지고 있다. (오시리스 숫자로서 그렇다는 것이다.) 또한 12궁(宮)의 하나를 태양계가 지나는데 2,160년 걸린다고 위에서 말했는데, 이 황도대 12궁을 통과하는 태양의 운동은 백양궁(수양자리. 아브라함 때), 금우궁(황소자리. 아담 때), 쌍자궁(쌍둥이자리), 거해궁(巨蟹. 게자리), 사자궁(사자자리), 처녀궁(처녀자리), 천칭궁(천칭자리), 전갈궁(전갈자리), 인마궁(人馬. 사수자리), 마갈궁(馬羯. 염소자리), 보병궁(물병자리), 그리고 쌍어궁(물고기자리로 로마제국과 예수 때 시작)의 순서와는 반대로 운동한다. 4,000명과 5,000명을 잔디밭에 둘러 앉혀놓고 물고기 두 마리로 민생고를 해결했던 복음서 내용을 기억할 것인데, 의미 있고 의도적인 빵 기적 얘기가 이제 이

해될 것이다. 복음서 기자들이 이 방면의 시세, 세사 돌아가는 것도 훤히 알고 있음이 아니었겠나!

예수 당시 예루살렘의 주민(시민) 수가 25,000명이었다는데(하기사 50,000명이라고 치자) 자그마한 언덕에 20% 인구가 올라갔으니(아이들도, 여자들도 있으니…) 구름 같은 인파는 광화문 군중과 비교해도 당시로선 가관이었으리라. 모세가 60만 군중을 탈출시킬 때 아이, 여자 합하면 200만은 넘었을 테니까. 이런 식으로 계산하면 4,000명일 때에는 15,000명 넘었을 테고 5,000명일 때에는 20,000명이 넘었을 것이 아니겠나? 이런 것이 경들의 내용으로 진실과 사실로 각인되고 있다. 민족영웅 모세 때 탈출 인원이 200만이 넘었다고 위에서 기술했는데, 그 앞서 숫자 2,160×1,000배가 2,160,000(200만 명 이상) 탈출로 봐도 되겠다. 그리고 모세가 인솔한 대군중이 광야에서 40년 생활할 때 온갖 범죄가 발생했으니 《구약성경》 저자가 그때를 생각해서 윤리강령을 모세 5경 속에 편입시켰다. 너는 누구와 무슨 짓, 무엇을, 이런저런 못된 짓을 저지르지 말라는 것들 말이다. 이 윤리강령이 오늘날 우리시대에도 근친상간, 패륜아 그리고 부모 자식 간의 입에 담을 수 없는 범죄 소식이 뉴스로 신속하게 퍼나른다.

318이란 수는 〈창세기〉 14장 14절, 17장 23절 등에 나오는 아브라함 가병수(家兵數)다. 153 숫자식으로 318을 한 명 한 명 세웠겠는가마는, 318명을 할례시킨 후 싸웠으니 이기기야 식은 죽 먹기로 기록해 놓았다. 이것은 그리스 문자에서 십자가와 관련된 상징적 숫자로 타우(요타, 에타)와 연결된다. 그리고 목성이란 행성은 지구의 318배 질량으로 이들 행성의 이동으로 지구에 물이 70여%(2/3 정도) 덮고 있다. 그러니까 그냥 사병(私兵)인 가병(家兵) 수를 쓴 게 아니다.

그런데 목성에 관해 좀더 써야겠다. 왜냐하면 우리가 살고 있는 지구를 향해 우주 조폭들(돌무더기들)이 기습하는 것을 막아주어 우리가 소멸되지 않도록 수호 역할을 하기 때문이다. 이건 헛소리가 아니다. 1억 년 전에 소행성이 지구와 충돌해 핵겨울 동안 75%의 동식물이 지구에서 사라진 사례가 있기 때문이다. 또 약 7천만 년 전 공룡이 멸종되고 인류가 지구환경에서 주도적인 생활을 하는데 지구의 318배 질량을 가진 (중력과 함께) 목성이 노골적으로 관여했기 때문이다. 결국 목성이 지구 생존에 버팀목 역할을 한 흔적에 우리가 주목할 필요가 생겼기 때문이다. 우리의 태양은 우리 은하계의 3,000억 개 항성 중에 하나일 뿐이지만, 태양으로부터 7억 8천만 km 거리에 있는 목성은 이오를 포함한 위성을 79개(토성은 62개)나 가져 태양계 내 행성(지구, 수성, 금성, 화성)이 돌무더기 상황일 때 목성은 이미 완전하게 성장하여 (50억 년 전 이후 진화) 우리가 살고 있는 지구 행성이 만들어지는데 대부 역할을 했음에 안도하게 된다. 지구보다 20배 큰 토성이 아니라 318배나 되는 목성의 공로 말이다. 아브라함이 자신의 가병 318명으로 당시 삶의 분위기를 주도했듯이 목성이 우리 지구의 존립에 일정 부분의 책임보험 분담은 자전, 공전과 함께

방패막이에 고마움이랄까!

　우리나라의 고(古) 문헌인 〈삼일신고〉는 1년 일(日)수와 같은 366자(혹 365字), 〈참전계경〉(윤리학)은 365개 조목으로 구성되어 있고 해(日) 돌(돐)과 연관되어 있다. 바이칼 호수엔 365개 강(江)이 흘러 들어간다. 나갈 때에는 안가라강(江)만 바다로 흘러간단다(경주 첨성대 몸통부의 외부 또한 365개 석재로 구성됨). 이 모두 의도적인 수라 보고 한 귀로 듣고 다른 귀로 흘려버리자. 이스라엘의 탈무드 그리고 신·구약성경 속에도 이 365(6)란 수가 알게 모르게 들어가 있다.

　그리고 멕시코의 마야문명의 유적 엘카스티요 유적지의 쿠쿨칸의 피라미드는 세계 7대 불가사의 중 하나로 1150년에 완성된 신전인데, 동서남북 4면 계단 각 91개에다가 재단 계단까지 합 365개로 이 또한 마야달력 1년으로 계산해 왔다.

　이제 기독교계에서 네로, 컴퓨터 등이 마귀, 사탄 등으로 외쳐대던 666(적그리스도) 얘기 차례다. 이게 풍문, 찌라시, 흉흉한 소문 등의 일종이다. 이것은 $6 \times 6 \times 6 = 216$(위에서 언급한 것을 기억했겠지만)인바, 지축 이동으로 야기되는 재해경고식 포고령 제666호다. 필자가 학생시절 발효된 계엄포고령 제1호, 2호가 기억난다. 무섭더라. 이게 짐승 수인데 무섭다. 사실 짐승, 특히 야생동물들은 무섭다. 필자가 거주하는 뒤뜰 채전밭에 각종 채소들을 심어놓았던 것을 사슴 등이 밤에 내려와 다 뜯어먹고 간 것을 보고 우습기도 하고 괘씸하기도 했는데, 이젠 안 심으려고 하는 필자 마음을 이 글을 쓰면서 조정(절)하고 있다. 인내천(人乃天) 입장에서 신(神)인 필자 신세가 좀 그렇다. 이 경고 수는 고대로부터 써온 것을 〈요한계시록〉 저자가 기막히게 당시 예수를 따르던 신자들의 박해 환경을 짐승 수 666을 긴급히 불러와서 간담을 서늘케 만들었는데, 지금도 부흥 성직자들이 이 수(數)를 청빙해 와서 겁주고 있다. 하나님 아버지를 뭘로 보고 있는가? 하나님은 야비하고 치사한 섭리자가 아니다. 그냥 관찰만 하고 계심을 유념하기 바란다. 666이란 노이로제에서 벗어나길 바란다. 13(十三)이나 4자(四字) 수도 마음대로 쓰도록 권장한다. 아무튼, 666은 경고 수임을 명심하자. 자연재해를 짐승(숫자로선 666으로 표기)으로 희화한 것이다. 자연재해는 때가 되면 그냥 닥친다. 하늘에서도 엄청난 재해가 잇따른다. 무슨 의미가 있어 재해가 습격함이 아니다. 그냥 우주법칙 중의 자연현상이자 기후변화며 일상사일 뿐이다. 그걸 666으로 겁준다.

이제 729를 짚어보자. 베드로는 게바의 별칭이다. 반석과 바위가 게바의 이름 풀이다. 그게 729로 표기된다. 이 수는 이교도에서 매우 중요한 수다. 태양의 수로서 낮과 밤, 해와 달이 관련된다. 또 888은 예수의 그리스어인 이에소우스(Ie Sous. 10+8+200+70+400+200=888)의 합수(合數)다. 중국 시진핑이 2019년 10월 1일 신중국 고희년 메시지에 888字를 연설했듯이, 이것 또한 피타고라스가 신성시한 음악적 화성에서 끄집어낸 수로서, 666과 함께 음정의 비율이기도 하다.

한마디로 묶으면 153, 666, 729, 888 등 모두 그냥 쓴 것이 아니고 치밀한 계산하에 단어가 맞추어진 것이다. 위에서 목성 얘기를 약간 했지만 (지구의 질량보다) 318배 큰 것으로 전 지구의 동물들(예컨대 1억 5천만 년 전의 공룡 등)의 진화에 영향을 끼쳤을 뿐만 아니라 지구의 주기적 멸종에 깊이 관련되어 있음이다. 그러니까 약 7천만 년 전에 공룡을 멸종시킨 소행성의 동향 또한 이런 셈법과 무관치 않다는 것이다.

지나가는 말로 17에 대해선 그냥 빨리 읽어가자. 왜? 요셉과 관련되어서다(야곱 12아들 중 11번째). 그는 17세에 애급으로, 애급에선 17년 거(居)했고, 야곱 4부인 중 라헬의 소생은 요셉(아들은 므낫세와 에브라임)과 베냐민인데 가족 수가 17명으로 신약시대 바울이 자신은 실제로 헤롯의 피를 받은 에돔족인 듯한데, 굳이 베냐민 지파라고 자신의 서신 몇 군데에서 강조하듯 언급했다. 예수 당시 아무도 자신이 누구의 지파라고 함에는 관심이 없던 때에 베냐민을 들먹거렸다. 그 핏줄 중 한 명이 이스라엘 초대 왕 사울(40년 통치)인데, 자신의 이름이 사울(훗날 바울이라 호칭)이기에 베냐민 지파라고 현혹시켰다. 일종의 잔머리 노림수를 부렸음도 있었을 듯! 여담이지만 남녀 17세에 병 또는 심적 변화가 있어서 새로운 도약을 한 세계적인 명사(名士)가 여럿 있다.

메시아 수 358에 대해 알아보자. 모세의 구리뱀(나하쉬) 또한 358이다. 실로가 오시기까지(야바실로) 또한 358이다. (메시아가 오시기까지의 뜻으로 본다.) 계산된 비상한 머리회전으로 성경 저자들은 시대마다 석좌교수와 다르게 기막힌 비수(秘數)로 엮어졌던 성경 말씀이다. 참고로 물고기 수인 153의 8배수는 1,224인데, 복스런 수 153이 그물과 관련되고 예수와 베드로 대화 중에 그물 속에 고기를 많이 잡아 건져올리란 뜻을 에둘러 표현한 '그물'의 숫자가 1,224란 말이다. 고기 잡는 어부! 우리 중의 혹자는 말한다. 운명은 4주 8자 인연으로 얽혀져 있다고. 성경 또한 숫자에 묶여 있음도 같은 맥락이다. 그러고 보니 18이 빠졌네. 〈누가복음〉 13장 16절에 18년간 사탄에 의해 포로가 된 아브라함의 딸에 관한 내용이 있는데, 이 구절 전체가 18자로 구성되어 있다. 의도된 예화다.

 필자가 어릴 때 부모님이 심심해서 화투놀이 함을 옆에서 호기심 있게 봤다. 3과 9자를 좋아하셨던 것을…. 끝내려는데 머리에 자꾸 떠오름이 있다. 12에 관해 약간 미진한 마음이 있음이다. 1년 12개월 24시간의 오전, 오후(우리의 시계판), 석가모니 제자 12명(핵심 제자), 올림포스 12신(제우스, 헤라, 포세이돈, 데메테르, 아레스, 헤르메스, 헤파이토스, 아프로디테, 아테나, 아폴론, 아르테미스, 헤스티아 등)과 12지신상, 12보석(〈요한계시록〉에서 12기 초석과 함께), 유럽 연합 깃발의 12별, 12지지(자축인묘진사오미신유술해 등으로 명리학과 관련), 음악의 한 옥타브는 12개 반음, 컴퓨터 키보드의 기능키(F1~F12), 아서왕의 원탁의 기사 12명…. 이제 끝내자. 혹시 예수 12제자에 대해 질문할 것 같아서 14명 이름을 써야 나중에 토를 달지 않을게다. 안드레와 시몬, 빌립, 나다나엘, 도마, 야고

보와 요한, 마태, 바돌로매, 젤로트 당원 시몬(유다 아들임), 야고보(알패오 아들), 다대오, 유다(야고보 아들) 그리고 가룟 지역 출신인 유다 등 14명인데, 12란 수에 얽매여서 12제자로 기록했다. 그런데 보통 가룟 유다가 예수를 팔았다고 하여서 죄를 몽땅 뒤집어썼다. 실제 가룟 유다가 예수를 팔았다고 믿어지는가? 그것도 은 30량을 받고서. 이 은 30 또한 그냥 나온 게 아니다. 지금 막 생각났다. 108번뇌 등 그 수에서 중국 광동성의 108m 높이의 해수관음상은 정말 미(美)가 철철 넘치는 인자한 불(佛)상이더라. 물론 각 문명, 나라마다 신성시하는 숫자도 있긴 하다. 아즈텍 문화(멕시코 등)에선 52를 신성시하듯, 특별한 숫자를 신성시하기도 한다.

却 제23화 오십보백보다

우리가 접하고 있는 모든 신앙심의 종착역은 모두 그게 그거란 의미다. 압축하여 말하자면, 적선지심(가) 필유여경(積善之心(家)必有餘慶), 즉 자비, 덕, 사랑을 폭넓게 크게 넉넉하게 사심 없이 베풀면, 좋은 일이 생김의 뜻 아닌가! 한결같이 마음을 바르게 쓰라는 것이다. 그렇게 하면 인간 삶(결산)의 종착지는 좋은 곳으로 간다는 암시가 스며들어간다. 필자의 생각으로는 샤머니즘과 정령숭배 그리고 고등 종교의 가르침이나 숭배봉행의 보상은 행위자의 죽음 전후의 축복이다. 예를 들면 공양미 300석의 효심, 몽골지역 곳곳에 돌(돌탑. 어워 ovoo)을 쌓아 소원을 비는 것, 스페인 순례지역의 5m 높이 철십자가 밑에서 소원을 빈다든지, 바이칼 호수 인접지역에 13개 깃발 앞에서 소원을 빈다든지, 남미 어느 나라 높은 언덕에 높이 세워진 예수와 마리아상에서 예를 올림, 또는 바티칸의 베드로나, 성 니콜라스 그리고 대불(大佛)상의 발을 만지거나 이마를 대고 예를 표한다든지, 큰 성당과 교회 그리고 사찰에서의 질서 속에서 경배를 한다든지, 황소나 양의 피로서 섬기는 신의 마음을 흡족하게 한다든지, 정화수로서 진심으로 빈다든지, 가슴속에 부적을 넣어놓고 평안을 원한다든지, 지성이면 감천의 범위 안에서 열매를 기다리는 등의 각양각색의 정성과 지극한 신심은 오십보백보의 대가가 안겨지리라고 희망함이다. 그렇다고 반드시 성취된다는 뜻은 아니다. 품격 있게 고상하게 보이거나 미신적인 종교심이건 모두가 그게 그거라 사료된다. 거기서 거기다란 말이다. 이 모든 행위는 공평 공정하게 섭리하는 창조주의 마음을 믿지 못해 우선 급한 대로 자연과 인위적인 경배대상에게 의존하는 행위일 뿐이다.

자, 그런데 인생행로에서 앞서간 스승들의 얘기도 한 번 들어보자. 석가모니께서는 어떤 형상으로나 목소리로 나를 본다거나 알려고 하는 자는 여래를 볼 수 없다고 했다. 또 하늘나라가 여기저기 있는 게 아니라 '너희 마음속'에 있다고 했던 예수, 그는 우리에게 장밋빛 무릉도원을 귀띔하였는데, 그것은 "내 아버지 집에는 큰 저택(고대광실)이 있어 거(居)할 곳(필자는 땅속으로 해석)이 많다"고 하면서 살아 있는 동안 마음 다스림에 각별히 유념

하란 메시지를 남긴 듯하였다. 세상의 어느 식자는 "지자역사귀신 이우자신지(知者役使鬼神 而愚者信之)"라 하여 지혜로운 자는 (귀)신을 부리고 어리석은 사람은 그것을 믿는다고 했던 견해를 타산지석으로 참고했으면 좋겠다. 일반적인 상식으로 객관적 입장에서 보자면, 믿고 숭배하는 대상을 선택하고 그걸 만든 인간 자신들이 믿는 대상물(각양각색의 상[相])이 된 조물(造物: 만든 우상물)을 규정, 조절, 조정, 조종함이 신앙 권역의 실상이 아닌가! 신(神)으로 섬기든지 내팽개치든지 간에 아무튼 숭앙 대상물을 폐·립함은 어느 종교(각종 신앙세계)이든지 간에 종교적 무신론의 세계에선 거기서 거기다. 신의 위상마저도 인류문화와 문명의 진화에 비례함은 물론이다. 그래서 신앙(소원 성취의 허와 실[虛·實])의 대차대조표는 각자의 몫이다.

이 글을 쓰다 보니 생각나는 자가 있다. 초기엔 별 볼일 없었던 예수의 위상은 측근 제자들에 의해 점진적 위상으로 각색되더니만, 또 다른 한 축의 인물이었던 바울에 의해선 예수가 전대미문의 인위적인 구세론인 신학교리가 수립되어 부활을 기치로 내세워져 휴거와 재림 및 심판이 사람들의 마음을 들뜨게 하더니만 결과론적으로 이스라엘을 구함을 뛰어넘어 그의 피로 인해 세상 모든 죄가 해결된다는 실마리를 제공한 그림이 완성되었다. 구세주가 되어 하나님의 아들 더 나아가 우주 생성의 근원인 원주(原主: 본체 되는 하나님) 신분으로 승격되어 추종신자들은 주종 관계의 위치로 굳어져버렸다. 삼위일체론이 고개를 들더니만 인간 예수는 우주를 통괄하는 하나님의 신분이 되었으니 여자의 '샅(사타구니)'으로 나온 인간으로서는 최상의 최고의 주(主: 하나님)로 만들어지게 되었다.

또 한 사람은 중국 삼국시대의 영웅 관운장(일명 관우)인데 그는 산서성 해주 출신으로 19세 때 한 건의 사고를 치고 고향을 떠나서 객지생활을 하더니만 사후에 금의환향한 인물이다. 그의 후예들에 의해 무신(武神), 무성(武聖: 공자는 문성[文聖]임)이 되었고 (聖神武文), 관우 사당(관묘)엔 협천우인(協天佑人: 하늘과 협조해 사람을 도와줌)이란 존호도 붙고 신용(神勇)과 만세인극(萬世人極: 만세토록 사람으로서 극에 달함)이 그의 이름에 붙어다닌다. 또 재신(財神)으로서도 빠질 수 없는 격이 붙게 된다. 그러니 관우가 관성대제(關聖大帝: 황제)가 되는 데 누가 딴지라도 걸겠는가?

예수든 관우든 높이고 존호를 붙이고 격상시키고 하지만, 결국에는 사람이 주무른다. 흙으로 귀향한 인간 예수나 관우 또는 석가모니 등 죽은 후 흔적물은 사람의 붓놀림이나 입놀림에 비례한 신분으로 오르내린다. 말하자면 관우의 상은 81m 동상이고, 예수의 상 또한 하늘 높이 솟는다. 물론 석가모니의 석상 또한 높고 또 높이 만들어져 있다. 이 모두 사람의 머리와 생각에 의해서 파도치고 있다. 어느 누가 믿고 누가 힘이 센가에 따라 예수도, 석가도, 공자도 성자, 석존, 성인으로서 세월의 대세에 따른 운명(성쇠)으로 귀착(귀결)된다. 그리고 그들의 언행 또한 그들을 추종하는 자들의 유명세를 따라 더욱 아름답게 포장되고 단장된다. 경우에 따라서는 내용이 유력 추종자의 위상에 비례하여 엉뚱하게 바뀌기도 한다. 무신론자 바울에 의해 예수는 원래의 예수의 인격보다 신비스러운 비이성적인 신격(神格)이 되었다. 말하자면 기독교 내에서 예수는 바지사장(명예회장)이 되었고 실세(실소유주)는 바울이 된 셈이다. 바울이 대주주로서 소주주를 거의 꿰차고 있는 셈이다. 석가모니 또한 바지사장으로 전락한 듯하다. 고승들의 말이 석가의 가르침보다 빛이 번쩍할 때가 많다. 《삼국지연의》의 주인공은 촉나라 유비(유현덕)인 듯하나 후세에선 관우(관운장)가 실세인 듯 비춰지고 있다. 유비나 석가 그리고 예수 모두 바지사장 이상 이하도 아닌 듯싶다.

모든 종교의 신앙심과 믿음의 중심의 엑기스는 개개인의 욕심과 욕망이 밀착되어 각자의 이기심의 종착점으로 귀착됨은 거의 동일하다. 오십보백보다. 거기서 거기다. 결국엔 사심(私心)의 신앙심은 천국(저세상)가는 영생 비표 획득이다!

却 제24회 왔던 길로 되돌아간다

모든 사람은 오고가는 길이 한결같다(人卽 來往通一根). 유대 씨족사에서 원(元)시조 아담이나 독자와 필자의 선조였다고 하는 호모 사피엔스 사피엔스도 같은 길로 오고감에 한 치의 착오도 없었다고 사료된다. 만약 한 푼(分)의 오차라도 있었다면 그들은 사람이 아니었을 것이다. 이제 우리의 오고감의 속내를 들여다보자.

필자 김기균은 씨족 시조의 34대(代) 손이면서 35세(世) 손이다. 이때 필자가 1945년 세상에 발을 내미는 시간까지는 무려 17,179,869,184명(名)이 개입되거나 동참하였다. 어떻게? 아래 그림을 보면 이해에 도움이 될 것이다.

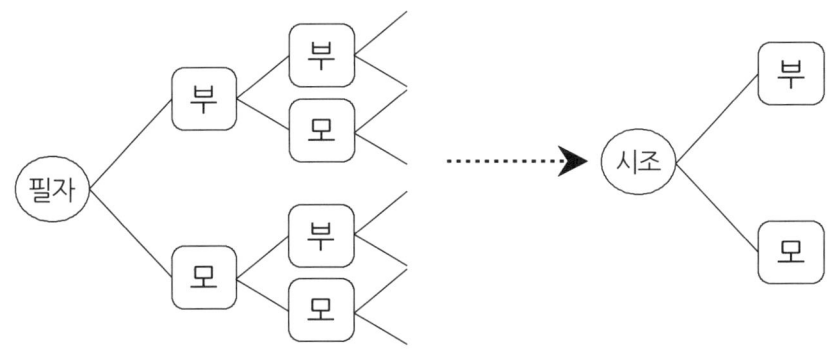

이해가 될 줄 알고 다음으로 가자.

필자 부친이 세상으로 오심엔 역시 많은 각계각층의 친인척이 동원되었다. 얼마나? 8,589,934,592명이나 된다. 저의 가친은 시조의 33대손이면서 34세손이시다. 이 숫자 안에는 이런저런 핏줄이 스며들었을 텐데…. 예를 들자면 너무 속을 썩이다 보니 내가 저걸 낳고 미역국을 먹었다니라든지, 개, 돼지 같은 불효막심한 놈 같으니처럼. 또 이와 반대로 그 많은 숫자 속엔 왕후장상급의 피 또한 녹아 스며들었을 것이다. 일언이폐지하고 그 어느 누구도 올 때는 궁(宮. 자궁[子宮] 또는 자호[子壺])을 통하지 않고는 빈손으로 올 수 없었다. 뭘 들고 나올 수 없다. 워낙 나오는 궁기가 크지 않다 보니까 말이다.

씨족 나무(Family Table[Tree])를 쓰다 보니 필자가 타이완에 갔을 때가 생각난다. 필자가 직접 보지는 못했지만, 컨딩 국가공원 내 바이롱 나무가 있는데, 그 나무 한그루에 100그루 이상의 가지에서 공기뿌리(기근)가 나와 땅에 닿아 뿌리 내린 모든 줄기와 줄기로 연결되어 하나의 가족나무가 되어 숲을 이루고 있음을 들었다. 참으로 기이한 광경이다. 그 나무에 동물들이 안식을 취하고 있으니 장관 아니고 배길까. 우리 사람은 누구나 출궁한 후 주어진 시간을 잘 보내다가 귀토한다. (선출세[出世]하여 후 귀향한다.) 그곳은 귀근왈정(歸根曰靜: 죽은 후엔 조용한 세상)일 테다. 흙으로 가는 데는 여러 바람과 추도사가 따르는데 대체로 천당, 열반, 하늘나라, 적멸, 천국, 극락 등. 이 모든 말을 한마디로 축약하면 '좋은 곳'으로 가실 것을 기원함이다. 예를 들자면, 네팔 수도 카트만두(해발 1,300m. 힌두교, 불교의 순례지)에 있는 세계 최대 깨달음의 불탑인 보드나트(Boudhanath)를 신도들이 염주를 굴리면서 돌게 되면 죽어서 좋은 곳으로 간다는 것이다. 살아생전에 가장 큰 소원은 죽은 후 좋은 곳을 희구함은 동서양 고금의 동일한 평화가 깃든 곳으로 가는 것일 테다. 그런데 결론적으로 말하지만, 흙으로 복귀함엔 위에서 언급한 대로 고급스런 용어가 동원된다. 그것들은 모두 동일한 곳(흙으로 귀향)을 두고 종교마다 문명, 문화권마다, 전통마다 각기 각색으로 다르게 표현한 것뿐이다. 그리고 또 한발 앞선 자들은 환생, 윤회, 부활, 재회 등으로 한껏 마음을 동요시킨다. 어찌 보면 맞는 말이다. 어떻게? 사람이 죽어 썩어 분해 변질되어 영양분으로 변화된다. 사체가 부패되고 거름이 되고 자양분이 되면 동식물에겐 그 이상 행복함이 아닐 수 없다. 거기서 새 생명이 나온다. 동식물로부터 사람 또한 먹거리를 섭취해 하나뿐인 생명을 유지하지 않는가 말이다. 이렇게 되다 보면 영생, 부활, 거듭남, 새 생명으로 자연순환이니 결국엔 일관(一貫, 즉 一以貫之)됨이다. 천당, 극락, 천국, 부활, 영생, 적멸, 열반, 황천 등은 모두 같은 말이다. 단어가 달랐지 종착역은 동일하다. 바로 흙으로 되돌아가서 다른 생명으로 부활되고 새 생명으로 태어나니 계속 이어지는 영생이 아닌가!

필자가 이 시간에 노리고 있는 속내는 바로 이것이다. 모두 같은 곳으로 가는 것을 다양하게 듣기 좋게 표현했을 뿐이다. 결국 형이상(形而上)에서 형이하(形而下) 사이에 인생은 살고 죽고 영원히 이어지는 것이다. 힌두교에서 인간의 몸으로 출현한 비슈누신(神, 지혜의 눈과 숫자 I [一]은 진리는 하나란 뜻을 지님) 9번째 화신이 부처라고 했고 예수는 구약 때 선지자 엘리야가 예수 당시 거물급 인사 세례요한이라고 했음이 바로 그러한 맥락에서 나온 말일 테다.

그러니까 우리는 '인간끼리'를 한 치도 벗어날 수 없으니 주어진 역량 그릇대로 살다가(人生更少年이므로) 어느 날 흙으로 가서 좋은 일에 쓰이면 된다. 이것이 대자연의 법칙이요 우주의 질서다. 만에 하나 죽어서 저 먼 곳(외딴 항성[혹은 행성])으로 갈 생각을 말자. 그래봤자 손오공 손바닥 안에 있음을 우리는 잘 알고 있다. 최대의 축복은 죽음이다. 모든 사람에게 동일하게 분배된

몫이 출어미궁(出於迷宮)한 후 필거어토(必去於土) 아닌가!

어쨌거나 인간은 복받은 무리다. 죽음이란 우주섭리자의 귀한 선물이 안겨졌음을 알자. 죽음은 출생보다 몇 곱절의 축복 덕목이다. 대자연(大自然)의 순환대열에 동참하여 우주 설계도가 변경되지 않는 한 흙으로 귀속됨이 안전하고 편안함은 물론 이웃과 만물에게 이로움을 끼치고 도움 주게 됨을 명심하고, 낡고 고리타분한 실속 없는 일에 너무 과민반응을 갖지 말라고 필자는 거듭 부탁하면서 필자와 여러분이 왔던 길로 되돌아가는 아름다운 행로에 행복이 깃들길 소원하겠다.

却 제25화 필자의 체(경)험 담

필자가 60대 중반 뉴욕 롱아일랜드 힉스빌(Hicksville) 지역에 살 때의 일이었다. 조그만 텃밭을 가꾸던 어느 날 토마토 줄기를 만지던 중 부주의(?)로 가지 하나가 부러졌을 그 순간, 필자의 온몸은 아찔한 아픔으로 덮쳤다. 참으로 동시에 순간적으로 일어난 일이었다. 이 일이 생기기 며칠 전에 사람과 동식물의 생명의 뿌리(근원)는 하나라고 사색한 이후였던지라 불현듯 그 생각이 떠올려졌다. 그래서 저 식물의 아픔과 나의 육체 속마음의 아픔이 동일한 체험으로 일깨워진 것이 아닌가 생각되었다.

두 번째는 앞의 일과 얼마 안 되는 시차를 두고 일어났다. 그 당시 필자 집에는 직경 약 90㎝ 넘는 도자기(경주 서라벌 요업산) 속에 금붕어 여러 마리를 키우고 있었다. 사건이 터진 이날 아침에 위층에서 내려오는데 약간 큰 금붕어가 밖으로 튀어나와 있음을 발견하고 손으로 집었더니 이미 비늘이 말라 빳빳하게 되어 있잖는가! 죽은 것이다. 시간이 얼마나 흘렀는지는 몰라도…. 이때 순간적으로 필자 머리를 때림이 있었다. 사람은 만물의 주인이다. 갑이다. 너(you) 금붕어는 을이다. 우리 고유의 종교에서 말했던 인내천이 떠올려졌다. 그래서 재빠르게 명령했다. "금붕어야, 살아나거라. 내가 명령하노니 살아라"라고 하고선 어항으로 집어넣었다. 마음속으로는 약간의 불안감을 동반하면서 말이다. 그러나 대담하게 그 물고기에게 명(命)했다. 신의 입장에서 말이다. 이게 웬일일까! 2~3분 지났을까. 금붕어가 약간 꿈틀거린다. 좀더 있으니 제법 움직인다. 그러더니 필자가 어느 정도 꼼짝 않고 계속 보고 있는데 그 금붕어가 움직이면서 헤엄을 치잖는가! 너무나도 신기했다. 내 눈앞에서 물고기가 사람의 말에 순종하여 생명이 활동하고 있음이 아닌가! 감격할 수밖에. 그렇다. 만물여아동근(萬物汝我同根)이로구나. 생명이 하나에서 나와 동일한 뿌리임이 분명한 것 아닌가. 위 두 가지 생명의 동일성(同一性), 동일근원(同一根源)에 대해 두세 번 여러 사람 앞에서 경(체)험담을 말했다. 그러다가 3개월 지났을까. 그만 그 물고기는 죽고 말더라. 그냥 생명이 얼마간 연장된 셈이었다. 그러니까 신인동성(神人同性)이라 해도 시비 걸 일이 아닌 것이다. 독자께선 어떻게 생각할지 몰라도 필자는 기이한 체(경)험이 생생하기에 이 항목에 적어보았다. 더 이상 불안한 명령은 하지 않았고 나

자신을 시험하지도 않았다. 혹시나 인내천(人乃天)이 평가절하될까 해서 말이다.

25항을 끝으로 적어놓고 필을 놓으려니, 결국은

심즉시신이요(心卽是神 마음이 곧 창조주요)
신즉시심일세(神卽是心 신이 곧 마음일세)
심외무신이니(心外無神 마음 밖에는 신이 없으니)
우신자연이로다(又神自然 조물주 또한 자연이로다)
고약심외유신이면(故若心外有神 그러니 마음 밖에 신이 있다면)
신재하처요?(神在何處 신은 어디 있단 말이요)?

인간사(人間事) 모든 것과 매사가 그저 그렇고 그렇구나. 그게 그것이었구나, 그렇게 되었구나, 너가 나였고 내가 그대였었네. 모두가 한 뿌리에서 나왔었네. 이제 정신 차려 보니 모든 것과 일어난 일들이 '인간끼리'의 문제였구나. 창조주가 개입할 틈을 주지 않아 관찰하기에도 바쁘셨겠구나! 빈손으로 가리다. 넓은 공간, 큰 집으로 조용하게 가겠나이다. 잘살다가 자연(自然)으로…. (자연을 닮아서 좀더 넉넉했더라면… 지금부터라도…).

各言 II
바울의 5대 오도론(誤導論)

 과연 바울은 예수를 추존했던가? 아니면 배신자였나? 그것도 아니면 친예수 그룹 주변에서 정보를 취득했었나? 그는 예수에 관해서 환청이나 몽중교훈을 받아본 적이 있었을까? 유대의 63대 대제사장(전체 77대[代] 역임)이었던 요셉 가야바(AD 18~36, 18년간 역임)가 예수를 심문(심리)할 때 산헤드린 의장으로서 예루살렘에 긴장된 분위기가 조성되었을 즈음, 바울은 먼발치에서나마 모종의 음흉한 역을 담당할 적임자로 임석하여 예수의 얼굴이라도 본 적이 있었을까? 그것도 아니면 예수쟁이들을 잡으러 자신의 정예 수하들을 거느리고 다메섹 길거리에 이르렀을 때에 뭔가 경천동지할 일이라도 발생…? 아니면 아라비아 어느 지역에서 몇 년인가 머물면서 예수로부터 직접적인 특별교육이나 아니면 잠깐이나마 독대한 경험이라도…? 필자가 생각건대 쥐뿔 정도라도 예수에 관해 최소한의 사숙의 예의라도 갖춘 자세 정도라도 기록이 남았더라면 이번 책에 훔쳐서 유명세를 탄 사이비 제자를 깎아내리지 않았을 텐데…. 궤변의 교리, 즉 사기성 신학교리 카르텔로 인해 많은 생사람을 잡은 바울에 대해 필자는 눈 딱 감고 이 항목에서 5가지, 다음 각언(刻言) Ⅲ에서 5가지를 술술 써보겠다. 마음이 썩 내키지 않더라도 구속력이 없으니 차분한 마음으로 읽었으면 한다.

却說 제1회 원죄(론)

신학자같이 죄를 어렵게 설명할 필요를 느끼지 않는다. 왜냐하면 필자의 실력이 겁을 내기 때문이다. 고답적으로 말해보면 죄는 인간이 창조주의 거룩한 성품을 나타내지 않거나 거스르는 것이 아닌가? 이런 말마저도 사람이 말하는 것이다. 창조주가 이 문제를 두고 어느 정도 고민할 것 같은가? 사람 세계에서 양심과 행동이 충돌하여 마음의 평안이 뺏긴 상태가 아닌가. 《구약성경》〈창세기〉의 첫 사람의 죄는 인간이 창조주와 맞장뜨기를 주저하지 않았다는 못된 뉘앙스(간교)로 펼친 것을 신약의 바울이란 자가 홱 낚아채서 엄청난 폭발력을 지닌 풍파를 야기한 것으로 본다. 그게 바로 원죄(原罪)란 단어다. 굳이 원 자(原字)를 쓴다면 아담 이전 그리고 더 이전에 이 원죄(原罪)가 있었음은 분명하다. 그런데 바울은 유대(이스라엘)의 원조(元祖)가 아담이니까 에덴동산의 최초 할배에게 죄란 레테르를 붙인 것이다. 그러니 원죄가 될 수밖에! 중시조인 아브라함에게 이 죄를 씌웠으면 복죄(復罪)가 되었겠지. 그리고 아담 부부 이전에도 많고 많은 부부가 있었겠지만 원조(元祖)로 된 에덴의 아담 부부, 즉 맞춤형 부부였으니 최초 부부 그중에 남자보다 하위급으로 취급했던(유대인의 사고의식에서의) 여자가 죄를 최초 유입인(人. 사람, 여인)으로 딱지가 붙은 것 아닌가? 만약 남녀동등으로 생각했더라면 맨 처음으로 이 세상에 죄를 땅에 청빙한 자는 아담으로서 바울 눈에 찍혔을 것이다.

그렇다. 뭐거나 좋다. 이왕 바울 신학론 안에 원죄란 테마(항목)가 기획되었으니까 빠져나갈 수 없다. 신화나 전설 아니면 설화 속에 집어넣어졌어도 이 문제는 바울 신학이 돋보이게 함에는 동일한 숙명이다. 흥분을 가라앉히고 차분하게 보자. 지구 나이 45억 5천 년 동안(우주 나이 138억 년 추정) 여러 골백번 천지개벽이 주기적으로 반복되어 높은 산이 바다로, 바다였던 것이 산으로 된 과거 성쇠지리가 반복되었음이 우리 주변에서도 널브러져 있다. 에덴동산의 주변에도 여러 종족, 사람들이 거주했건만 원조 아담만 부각시키고 인간을 옭아매게 하다 보니 마치 아담이 최초 인간인 양 부각되었다. 그래서 예수는 아담 얘기를 꺼내지 않았다. 아담이 여러 수십 명이 있었기 때문이다. 개벽되고 나면 아담(남자, 사람이란 뜻)이 자동적으로 나오니까 말이다. 〈창세기〉 자체를 소설로 보든, 역사서로 보든지 아니면 아담의 가계표(족보)로 보든 이미 일은 벌어졌다. 다시 말하지만 죄는 인간끼리의 문제에서 올바른 삶에 대한 그릇된 삶 아닌가. 해답으로, 잃어버린 나를 예수 안에서 해결 보자는 것이 바울이 꺼낸 실타래 아닌가! 기독교가 바울에 의해 확장됨에는 이 원죄 이론이 꽤나 힘을 받았다. 중구난방의 마음을 죄성(罪性)으로 엮어놓았으니 기발한 기획성 관리 차원에서 중요한 기독교 신학론 중 원론(元論)으로 자리매김했다.

却說 제2화 만인 죄인론

앞의 글인 却說 제1화의 원죄론이 말이 되지 않듯이, 이번 항 또한 더더욱 말이 안 된다. 죄의 연좌(連坐 또는 緣坐)적인 생명력이 윗대 조상(최초 시조)으로부터 땅이 없어질 때까지의 후손들에게 죄근(罪根)이 존속한다는 바울의 기상천외한 발상은 어디서 암시를 받았을까? 바울의 논리라면 에덴동산 주위를 배회하던 죄가 에덴의 주인장인 아담 부부 속에서 잠복하던 중 부부와 뱀 사이의 삼인 애정행각 틈새를 이용해 하와의 자궁 속으로 들어가서 기거 중 아담 부부의 거사로 인해 자식이 생겨났다. 죽 내리 죄의 근(根 뿌리)이 예수의 부모에게와 바울의 부모에게도 방문하여 예수와 바울이 태어나 이걸 해결하려고 한 묘책이 바로 죄 사함이란 절차와 죽음에서 광명을 찾겠다는 바울의 신학론이 구세주를 탄생시키고 바울 신학론이 제대로 역할을 하여 거대한 종교결집체를 만들었다고 쾌재를 부를 텐가? 집에서 키우는 동물들도 성격이 다른데 인간도 그러할진대, 죄만 공통분모인가? 죄란 DNA가 예수의 피 흘림과 그 피를 믿음으로써 죄가 없어지고, 믿지 않으면 그대로 상재(常在)하다니 소와 필자는 가가대소(呵呵大笑: 배꼽 잡고 웃음 폭발)할 뿐이다. 지금 와서 바울은 고소와 고발을 당한다. 구약시대 선지자들의 말과 조선조 4대 세종으로부터 바울은 망발, 망언, 허위사실 유포, 명예훼손(하나님을 욕 보임) 그리고 사기(예수는 자신의 피가 이용당함을 나중에서야 알아차린 듯) 죄로 엄청난 대가를 치를 것이다. 우선 선지자의 고소장(고발장)을 보자. 〈열왕기하〉 14장 6절, 〈역대하〉 19장 10절, 〈잠언〉 5장 22절과 28장 13절, 〈이사야〉 1장 18절, 〈신명기〉 9장 27절, 〈레위기〉 16장 30절, 〈창세기〉 4장 7절, 〈예레미야〉 3장 13절과 31장 34절, 〈애가〉 3장 39절, 〈에스겔〉 18장 24절과 18장 30절 그리고 〈욥기〉 11장 6절, 또 〈시편〉 34편 21절 등등. 더 있으나 이 정도로도 집단소송은 들어갈 수 있다. 필자도 공동날인하고자 한다. 그리고 세종은 선선급손 악악지기신(善善及孫 惡惡止其身)이라 하여 선함은 자손 대대로 미치고 악은 죄 지은 당사자에게만 적용된다고 했다. 또 벌불급사(罰不及嗣: 벌은 대물림하지 않는다)란 말도 있잖는가. 그 외의 지역과 시대의 조례와 사회질서 준수법과 아울러 인간의 상식과 자연 질서의 숨은 법칙 등으로 바울을 의법 처단할 것을 요구한다. 《신약성경》의 교훈이 보태지 않아도 바울의 죄상은 넘치고 태산을 이룬다. 그래도 써보자. 〈마태복음〉 1장 21절, 〈누가복음〉 23장 4절, 〈요한복음〉 8

장 7절과 16장 9절 등으로. 예수도 사후보고를 받은 것 같은데, 바울의 신학교리를 처음 듣는 듯함을 필자가 감 잡았다. 오래전의 죄가 인간에게 잠입한 것을 명태(북어)를 엮듯 인간 전체를 얽어 신학관리 장치로 써먹으니 참으로 요상한 기인(奇人)인 바울의 궤변설이다. 예수가 생전에 어느 날 누구에게 더 이상 죄 짓지 말라고 했음을 바울이 들었을 리 없겠다. 분명히 말하지만 죄근(根)은 하나님과는 무관하고 대대로 흐른다 함은 더더욱 허설이다. 그래서 바울의 생각은 사론(邪論)이요 사론(詐論)이며 하늘 가는 여로에는 아무런 장애요소가 안 된다.

却說 제3회 구속론(대속론)

필자가 많은 유신론자들 중 한 명으로서 이 항목을 쓰는 것은 자랑스럽다. 왜냐하면 창조주의 만물 사랑함은 공정하고 공평하기 때문이며 특히 사람이 빈손으로 오고감엔 차별이 없기에 더더욱 그러하다. 특히 빈손으로 간다 함은 죽음을 누구에게나 분배했고 또한 그 죽음이 구원함에선 명백하기 때문이다. 누구나 하나님의 품으로 귀향하지 못할까 전전긍긍하지 않아도 될 것이기 때문이다. 고맙게도 죽음이 바로 우리 인간이 구원됨의 증거가 아닐까 생각되는데 이 엄정하고 분명한 진리인 이 사실을 바울은 잘못 오도하고 있기에 분통이 치솟는다. 뭐고 하니 태어난 인생 모두가 구원받는 사실을 마치 전대미문의 신학교리를 창안한 듯 예수가 자신의 피를 흘려 죄인 된 인생을 샀다(속죄론)는 것이 아닌가! 사람은 누구나 모친의 자궁에서 나왔다. 그리고 그들 모두는 동기간이다. 같은 신분이다. 그런데 예수의 피는 꽤나 희고 맑은 색깔인가? 예수는 그렇게 말하지 않았던 것을 바울이 몰랐던 것인데, 왜 하나님의 사랑을 예수를 앞세워 반역하는가? 억지로 땅으로 귀향한 예수를 들먹거려 간접 반역자가 되게 하는가 말이다. 같은 인간이 누굴 구원한단 말인가? 그가 그의 서신 여러 곳에 이런 속죄(대속)의 내용을 반복적으로 기술하여 예수의 피흘림을 믿고 구원받은 사실을 모르면 큰일날 것처럼 했다. 대충 그 내용을 보면, 〈로마서〉 6장 17절과 23절, 〈로마서〉 3장 24절, 〈고린도전서〉 6장 20절, 〈갈라디아서〉 3장 13절, 〈에베소서〉 1장 7절, 〈히브리서〉 9장 15절, 〈갈라디아서〉 5장 1절, 〈고린도전서〉 7장 23절, 〈로마서〉 8장 23절, 〈고린도전서〉 1장 30절, 〈로마서〉 11장 26절, 〈디모데전서〉 2장 6절, 〈갈라디아서〉 4장 4절과 5절, 〈로마서〉 8장 1절과 33절 및 34절, 〈갈라디아서〉 1장 4절, 〈히브리〉 2장 14절과 17절, 〈디도서〉 2장 14절, 〈고린도후서〉 5장 21절 등 끝이 없겠다. 바울은 인간 개개인이 독생자들인 하나님의 자식들을 죄인으로 몰아(인질로 잡아) 예수의 피로 샀다(몸값으로) 하니 너무나 모욕하고 왜곡하고 있으니 얼마나 벌을 받으려고 그런 엉터리 사설을 기록으로 남겼나? 예수나 우리는 종의 멍에를 매지 않은 하나님의 자녀들이다. 왜 만인을 죄인으로 죄의 인자(DNA)를 가진 자로 매도하는가? 율법의 형벌로부터(유대인 등), 죄로부터(모든 아담 후예), 사탄으로부터 그리고 모든 악으로부터 지구 인간을 예수가 건졌다고? 더 가관인 것은 죽음에서 건졌다고 한다. 만약 죽지 않으면 저주받은 인생이 아닌가? 죽어야 다시 태어난다. 죽음이 축복이거늘! 하나님의 분노와 모든 죄의 결과에서 구원 운운은 바울의 기획성 왜곡 신학일 뿐이다. 신약복음서 몇몇 곳에서도 바울의 영향이 있는 듯한 기록이 보인다. 바울의 이 같은 사기성 신학에서 멀리멀리 떠나자! 그러니까 바울은 구속관념을 조직(체계)적으로 해석했다. 결국 구속은 가격을 지불한다는 개념(설령 구원을 은유적으로 표현했다손 치더라도)으로 아예 장사식으로 해석해 기업성 대가가 된 느낌이다.

필자는 선언한다. 구속은 대가를 지불하여 어떤 악(원죄)에서 풀어진(노예해방 식으로) 특혜를 받은 우리가 아니다. 모든 인생은 하나님으로부터는 죄가 없는 하나님의 자녀다. 세상에서의 잘못과 혼동되지 않기를 필자가 간곡히 부탁한다. 그러니 구속이니 대속이니 하여 예수의 사상(발자취)을 왜곡하거나 망언 그리고 날조한 바울의 신학(교리)을 배척한다. 사기다! 예수의 피가 결코 종노릇에서 자유를 얻는 소설(드라마)의 소재가 아니다. 필자의 피와 똑같은 신분인 예수의 피흘림의 몸값인 구속론은 가치가 없음을 한 번 더 강조하고 마친다. 봉이 김선달이 대동강 물을 팔 듯이 예수의 피가 인류의 죄 값 치름(몸값)의 소리는 소도 웃을 교리다. 바울식(원죄론)대로라면 예수의 피도 죄인의 피다. 물론 바울의 피도 참숯보다도 더 검었을 것이다. 그러나 바울은 죄

용서 받고 자유인이 되었다고 본인(本人)의 입장은 밝히지 않았다. 오도송(悟道頌)은 눈 닦고 찾아도 인지하지 못했다. 왜? 자아를 발견함이 아니고 자신의 생각을 잡설과 섞어서 하나의 신앙 행로를 수립했기에서다.

바울의 사기성 발언에 대해 써놓고 교정을 보다가도 화가 덜 풀린다. 미신이 따로 있나? 모르고 믿으면 미신 아닌가. 진리를 알아버리면 믿음이고 뭐고 왜 필요한가? BC 500년 석가도 자유인에 대해 설파했다. 천상천하 유아독존 언급 말이다. 천기누설을 했지만 거기에서 멈췄다. 공자도 어렴풋이 알고 극배상제 상황으로 자세를 가다듬었다. 예수는 직설적으로 이 천기누설인 밀계(密計)를 선포했다. 예수 자신이 하나님의 생명을 가졌다고, 즉 성령이 머물렀다고 하여 독생자로 〈요한복음〉 저자는 압축 표현했다. 그 선언이 매우 중요하다. 사람 속에 하나님의 영이 있음을 알아챈 것 말이다. 이것이 〈요한복음〉에선 깨달음, 즉 거듭남이라 했다. 사람 속에 독생자로 거함이 하나님의 영이 내재함과 동일한 깨달음이다. 우리가 하나님을 믿는다는 말은 하나님의 아들, 즉 우리 속에 거하고 있는 하나님의 생명이 거함이란 내용으로 알아차림이 아닌가! 참나[眞我]가 존재함이 바로 하나님 아들인 자아가 존재함이란 말이다. 내 속에 하나님의 영 외에 우리(나)가 무엇을 또 따로 믿어야 한단 말인가? 예수가 알았던 그 길, 그 생명, 그 진리가 바로 하나님의 영이 거함을 아는 것이란 말이다. 예수를 믿는 것은 어리석은 짓이다. 예수를 믿으면 안

된다. 예수의 피를 믿으면 안 된다. 미륵불이 따로 있음이 아니다. 예수가 갔던(알아차린) 그 길을 우리도 가야 한다. 바울은 예수의 피를 가지고 면죄부 장사, 속죄 장사를 한껏 했다. 대동강 물을 팔아먹듯이 말이다. 예수의 흘린 피는 필자가 소유한 피와 값이 같다. 속죄 장사, 피값 장사로 기독교는 부자가 되었다. 예수 피값 장사를 중단하기를!

却說 제4화 부활과 재림

세 사람이 길거리에 호랑이가 나타났다고 하면 믿게 된다(삼인성호[三人成虎])란 말이 있다(중국 전국시대 위 혜왕 때 이야기). 복음서에나 바울서신 등에 부활이나 재림의 얘기가 여러 번 나오다 보니 실제 죽었다가 죽음을 이기고 부활한 예수처럼 또는 재림이 《신약성경》에 300회 이상이나 언급된 근거로 기독교 신앙에선 신앙의 핵으로 떠올라 있다. 요즘 말로 특종 뉴스였다. 필자가 각언(刻言) I의 却 제21화에서 영웅호걸과 역사 속의 유명한 명사들을 사례로 들어 죽으면 다시 살아오지 않음을 지루할 정도로 써놓았다. 이스라엘의 역대 왕들 또한 죽으면 당시 기자들이 써놓기를 앞서 왕들이 간 그 길을 갔다고 하고 이스라엘 열왕의 묘실(또는 다윗의 묘실이나 다윗 자손의 묘실)에 안장된 사실을 우리는 읽고 있다. 예수가 유대지역을 떠난 지 어언 40년 정도 지나서야 복음서가 나타났고 그 앞서 바울은 여러 곳에 다니면서 부활, 재림, 심판 등을 열강했었기에 그 영향인지는 몰라도 복음서 여러 곳에 부활, 재림이 신앙의 주요 메뉴로 자리매김하고 있다. 어쨌거나 일언이폐지하고 길게 쓸 필요없다. 사람은 일단 죽으면 부활이나 그 이상의 일이 벌어지지 않음은 창조주 하나님이 통치(섭리)하는 동안에는 자연법 질서, 천지개벽 및 만물 통치질서 법이 개정이나 수정되지 않는 한 천도(天道)엔 무편무당, 즉 공평, 공정 잣대로 셈하는 데는 불변이다. 부활이 있다면 하나님의 법이 레임덕이 생길 땐 가능하며, 바울의 부활이나 재림이란 신학 개념이 반역적인 망발로 인해 혼돈의 기독신학계를 야기한 결과로 보면 족(足)하겠다. 창조주 하나님의 법에 동참하여 하나님의 사랑을 천대시하지 않기 바란다. 그래서 부활, 재림을 논할 가치가 없다.

그런데 복음서 내에서도 부활관계 기사가 수두룩한데 이는 바울의 성경 내용이 세상으로 퍼진 이후에 혹 영향을 받지 않았나 하고선 필자는 생각한다. 바울은 욕심이 더욱 추가되어 기독교 신자나 유대인 외에 우주적 부활 문제를 논하기까지 했는데, 말하자면 복음(및 부활)을 만민에게 적용시키려 했음인데 부활과 심판 역시 만민에게 해당되게 안간힘 썼다. 이 내용을 불교 신자나 이슬람 신자 그리고 종교인 아닌 자들이 이 바울의 교리를 들었을 때 배꼽잡고 박장대소할 것일까 아니면 바울 너 미쳤구나라고 할 것인지…. 아담의 죄에서 만민이 모두 바울교리 울타리로 인질잡아 크게 성공한 듯하나…. 바울의 다부진 의욕과 꿈은 그냥 설(說)이나 논(論)으로 끝났으니 다행이라 사료된다. 기독교 신자들 중에서라도 실제로 속마음에 몇 %가 귀기울이기나 했을라고!

어쨌거나 잘못된 가르침으로 필자는 심사숙고한 끝의 결론은 아래와 같다. 예수의 말을 빌려와서 쓰겠다. 〈요한복음〉 14장 2절에 "내 아버지 집에 저택들이 많다(in my Father's house are many mansions. 我父的家裏有許多住處)"라고 했는데 어딘가? 목성? 다른 은하계? 예수가 십자가상에서 "내 아버지 뜻대로 하옵소서"라고 했는데 뜻은? 죽음이다. 땅속(넓은 공간)이다. 하나님의 뜻은 죽음을 허락했다. 시체 부활은 절대 불가(不可)하다.

사람은 자연의 일부분인바 만약 성경내용(바울의 사견[私見])대로 사람이 죽었다가 어느 시점에 살아난다(부활)면 일반 동물들 또한 살아나야 한다. 왜? 하나님의 만물을 섭리하는 잣대는 공평과 공정이다. 여러 말할 것 없다. 유명학자 등이나 성직자들이 이런저런 말로 부활과 재림을 논한다면 그것 모두 자기들의 말이다. 하나님으로부터 나온 공식 메시지가 아니다. 성경에도 복음서끼리, 바울 서신끼리 그리고 다른 제자들의 기록이 통일되지 않아 갈등과 충돌이 노출된 부분이 한두 군데가 아니다. 모두 그냥 읽고 지날 뿐이거늘 다시 고차원적으로 미사여구로 신학론이 전개될 필요가 없다. 필자가 크게 외친다. 사람은 죽으면 하나님의 법칙대로 하나님의 품으로 돌아간 이상 다시 매스컴에 나타날 일이 발생되지 않음을 거듭 천명한다. 잘못된 가르침에 눈을 뜨기 바란다. 실제 부활의 정황은 있을 듯하지만 증거의 부족함은 철철 넘치건만 바울은 아래의 내용대로 부활을 노래가사처럼 흘렸다.

(약간만 써보겠다. 기독교의 신앙은 예수의 부활 사실 여하에 그 성패가 달렸다고 했으니까.)

- 〈고린도전서〉 15장 4절과 13~14절 그리고 17절과 20~21절 및 28절과 32절
- 4개의 복음서에서 몇 구절
- 〈로마서〉 1장 4절과 17절 그리고 25절, 6장 4~11절, 7장 4절, 8장 11절과 23절 그리고 34절, 14장 9절
- 〈데살로니가전서〉 4장 14~17절
- 〈디모데후서〉 1장 10절, 2장 8절
- 〈사도행전〉 13장 30~31절, 17장 31절, 26장 8절, 17장 18절, 24장 15절
- 〈히브리서〉 13장 20절
- 〈에베소서〉 1장 20절
- 〈골로새서〉 1장 18절, 2장 12절
- 〈고린도후서〉 1장 9~10절, 13장 4절
- 〈빌립보서〉 3장 10절

却說 제5회 선택과 예정 그리고 양자입양설(說)

창조주 하나님 아버지의 세계에서는 금수저니 은수저, 흙수저니 하는 제도적인 품격을 무게로 달아보는 얘기는 금시초문이고, 선악 간 차별, 구분과 분리로 일희일비에 신경 쓰는 모습이 있다는 소식도 처음 접하고 보니 필자의 노선 정립에 고민이 던져졌

다. 바울은 하늘나라 백성 자격 취득에 선택이나 예정 그리고 양자됨이란 과정이 있다고 그의 신학론 골자로서 기독신자들의 삶을 잇는 동안에 우왕좌왕하게 만들고 있다. 참으로 냉정하고 평정심을 갖고 다시 바울의 가르침을 꼼꼼하게 뜯어보자니 정상적인 마음을 다스림엔 한계점 수치에 맞닥뜨린다. 세상에서도 지도자가 바로서야 나라가 평안해진다(首出庶物 萬國咸寧)는 말이 있듯이 신학교리를 바로 정돈해 놓아야 바른 신앙이 유지될 텐데, 상식적으로 보통인(보통 신자)들이 납득할 수 있어야 가치가 있을 텐데도 도무지 이해하기엔 필자도 가방끈이 모자람이 사실이다. 어떻게 하늘나라 입성에 선택이나 예정이 무엇이며 양자 입양은 또 뭔가? 우리 인생은 하나님의 서자 아닌 적자로서 모두가 맏아들인데 굳이 선택받아야, 예정 수에 포함되어야 그것에도 또 모자라 입양 절차를 밟아야 하는가? 너무나도 하늘의 법도, 자연섭리, 천리(天理), 그리고 자연질서와는 거리가 천리 밖이나 된다. 솔직히 말해서 운명(천당 가는 자격증)은 미리 결정된 게 아니다. 어느 때나 부르면 대도(大道)로 (흙으로) 가면 된다. 그리고 하늘 가는 신분엔 예언, 예정 등은 무가치하다. 그리고 바울의 스승이 예수라 하면서도 스승의 속내는 하나도 드러내지 않고 자신의 입지(잡설이나 궤변)만 늘어놓고 예수 이름으로 공포하면 되는가? 세상엔 괄목상대나 청출어람이란 말이 있지만, 바울이 예수가 강설한 내용보다 낫다고 함은 눈을 씻고 봐도 전혀 보이지 않는다. 오히려 예수의 말을 뒤집는 것만 수두룩하게 보인다. 바울은 자신이 선정한 스승을 딛고 일어선 모양이나 착각함이 너무 지나칠 정도의 행동거지가 성경 곳곳에 도사리고 있다. 우리 인생 중 어느 누구도 예언이나 예정되어서 세상에 나타남은 없고, 그 누구도 선택되어 특혜받은 생을 누릴 자도 없음은 물론, 예나 지금이나 동서고금을 막론하고 세상에서 금수저식 특혜를 받고 아들 된 자 없다. 더군다나 죄란 딱지를 달고 모친 다리 밑에서 주워온 자도 없음은 물론이다. 누구든 사람이란 공평, 불편부당한 대우 속에서, 공정한 자연의 섭리 속에서 세상에 왔다가 빈손으로 하나님 품속으로 가게 됨이 공평한 잣대의 증거다. 그래서 필자를 위시한 모든 유신론자들은 하나님의 도(道)에 순응하고 감사하면서 당당한 아들로서 주어진 생을 살아갈 것이다. 궤휼에 속지 않음이 축복이다. 이참에 바울의 사기성 궤론을 배척해야 할 것이다.

여담이지만 억지로 맞춘 예언의 배꼽 터짐과 양자된 유명인의 예를 한 가지씩 써보겠다. 전자의 예로는 《구약성경》〈이사야〉 7장 14절, "…처녀가 수태하여 아들을 낳을 것이요 그의 이름을 임마누엘이라 하리라"에서 아하스왕(王) 때의 국난 수습책 일환으로 속보로 처방책을 언급했던 것을 신약에 와서 복음서 편저자들이 마리아가 아기 예수를 낳음과 연결시킨 에피소드가 있는데, 지금도 어느 교파에선 그때 여자와 마리아와의 일치성을 옹호하고 있다. 전혀 무관한 예언이었던 것을….

또 양자에 대한 실화를 들어보겠다. 바울이 양자 운운할 때 이가 얼마나 허구인지 비교해보자. 중국 후한 말기 동탁, 조조 얘기가 나오는데, 조조는 초군 사람으로 원래 성(姓)이 하후(夏候)씨였으나 부친이 당시 세력가 환관인 중상시 조등(曹騰)에게 양자로 갔기에 부(父)는 조(曹)숭이 되어 오늘날 진수가 쓴 《삼국지》에 조숭의 아들 조조(操)로 우리에게까지 회자된 삼국시대 정치가다. 양자가 되니까 성(姓)까지 바뀌는데 바울식으로 죄에서 구원받고 새사람이 되면 양자 신분으로 하나님 품으로 간다는 말인가? 바울의 허언(虛言)치고는 너무 해학적이다. 이걸 중요한 사탕발림 교훈으로 (교리로서) 믿고 있으니 할 말이 없다. 우리는 하나님의 적자다. 예수와 동일한 동격의 동질의 동근(同根)의 적자다. 양자는 다른 행성에서 왔다면 해당될 미래 얘기는 될지언정.

이상으로 이 책의 핵심내용인 바울의 5대 오도론(誤導論: 잘못된 가르침 다섯 가지)인 원죄론, 만인죄인론, 속죄론, 부활과 재림론 그리고 선택 예정론을 다루어보았다. 필자의 견해로선, 예수가 우리와 같은 7정을 가진 사람의 일원으로서 바울에 의해 본의 아니게 5대론 속에 갇혀 가해자듯 피해자로서 머물고 있다. 바울의 얼토당토않은 기이한 천도 오도론(오류론) 술책에 항의는 물론 예수가 가르친 교훈을 교기(敎器)로 탄핵해야 할 것이다. 즉 사도(邪道)의 적폐성을 고발, 고소해야 한다. 바울의 그러한 교훈 속에 귀한 삶을 무의미하게 보내면 억울하잖는가. 죄를 용서해 달라느니, 구원해 달라느니 등으로 시간을 소진해서야 되겠는가.

한 치의 오차 없는 천도(天道)는 여상(如常)하다(天網恢恢疏而不漏泄)임을 우리는 알고서 바울 신학 오도(誤導)의 오류를 진리의 #Me Too 운동 식으로 그간 속았던 속앓이를 과감하게 세상에 알리며 밝은 남은 생을 예수의 가르침과 함께 창조주 아버지의 섭리 안에서 거닐자꾸나!

各言 Ⅲ
바울의 5대 혹세론

바울 그의 서신에서 밝힌 최초의 여자 하와의 죄 유입설, 그리스도의 선악 간 심판주로서 지구로의 하강, 이신칭의 그리고 바울 자신의 신분세탁과 바울 신학론의 무원칙에 관해 간략하게 적어보겠다.

却說 제1회 하와(이브)의 죄 유입설

바울이 결혼생활을 하던 중에 부인과 결혼실패 같은 가정문제라도 있었던가? 아니면 결혼 전에 어느 여자(유력 성직자의 딸)에게 차였던 일이라도 있었는지는 몰라도 그의 서신 내용 중에 여자는 별로였다. 사회생활을 한 것을 보면(예수 또한 같은 맥락) 결혼했음은 기정사실인데, 개인 감정조절에 실패한 것이 점점 가중되어 죄 문제가 큰 문제점으로 부각되던 끝에 이 죄의 유입, 즉 기존의 죄가 지상에 떠돌아다니다가 바울이 죄를 잡고서 아담의 부인 이브(하와라고도)가 죄를 끌어들였다고 일방적으로 역발상 착안을 하였다. 구체적으로 묘안을 찾던 중에 이 죄를 아담의 배필인 하와(죄 지은 후의 이름)가 덤터기를 쓰게 된 것이다. 붓 잡은 위력으로 이스라엘 역사 속에서의 첫 어미 이브에게 죄를 씌운 것이다. 이것을 확대해서 설화식으로 전 인류의 첫 어미 이브가 죄를 인간 역사 속에 최초로 끌어들였다는 논리로 정리한 것이다. 여자 측에선 이런 억울한 일이 또 어디 있겠는가? 구체적으로 그의 서신 〈디모데전서〉 2장 13절에 기록했고 〈고린도전서〉 11장 3절엔 아담이 이브의 머리라고 못을 박았다.

참으로 괴이한 억측이요, 여성 혐오의 전형적인 사례다. 이러고서도 바울이 예수의 제자라고 할 텐가? 예수는 그렇게 생각해 본 적이 꿈에라도 없었다는 것을 말이다. 왜 자신이 여자에게서 품위 손상된 것을 엉뚱하게도 죄를 가지고 개인 감정풀이를 한 것인가? 그렇다면 자신의 어머니도 죄인, 또 그 위 조상할매들이 모두 죄인으로 전락했으니 이런 패륜적인 인간이 또 어디 있을까? 분명하게 말하노니 죄는 인간 창조 전부터 대상을 찾아 돌아다니고 있었고 지금도 배회하면서 자신의 거처지를 살피고 있던바 바람과 같은 무형의 죄인(罪因)으로 있다가 살아 있던 한 인간이 죽으면 그 죄 또한 함께 소멸된다. 마치 어느 시대 어떤 종교적 인간이 만든 인격신에게 복종하다가 사람이 죽으면 그 인격신마저 함께 소멸됨과 같다고 보면 된다. 어느 누구도 특히,

아담, 이브, 뱀 중에 죄를 끌어들이지 않았다. 아담 부부는 〈창세기〉 저자(모세는 아님)가 소설식(신화나 설화형 역사 기획물)으로 처음(창세)을 쓰다 보니 죄 제조의 주인공으로 등장되었을 뿐이다. 그래서 여자가 죄를 끌어들임이란 바울의 참설(또는 혹설)로서 사람들을 혼미케 만든 증오성 악담, 망발, 망언, 괴담 외엔 아무것도 아니다. 이왕 바울에 의해 운명적 결과론이 불거졌고 죽음을 불러온 책임 소재가 명확해졌던 가운데, 예수의 극적 출생에 관해선 10대 중반의 여성 한 명은 신약복음서 저자들에 의해 외압이 개입된 임신으로 인해 결과론적으로 불륜녀 또는 미혼모, 성모 또는 성모 승천이란 대척적 신분을 가진 마리아가 있다. 마리아(馬利亞. Mary)와 실체가 없는 가상 영물인 가백렬(加百列. 가브리엘 천사) 간 물밑 밀약(〈누가복음〉 1장 26절과 27절)의 내통으로 시선이 곱지 않는 예수 출생설은 비극이랄까, 복음이랄까! 이 고전적 불가사의한 미스터리는 첫 단추부터 잘못 끼워졌다고 사료된다. 우선 가브리엘의 동선을 찾아가면 천도 이탈이요, 천명(天命) 남용이요, 직무탈선이었다. 자연법을, 사회법을, 관습법을 깡그리 무시한 돌출적 천지간(天地間) 매개물이었다. 정상적인 절차에 의해 인간이 사람을 출생시켜야 하건만, 다시 말해 투명한 시간대에서 양성 간 눈높이에 의해 자연질서 속에서 출생하여야만 인간으로 등록되는데, 복음서의 탄생설화(신화)는 비정상, 비과학, 비상식, 비이성적 그리고 비천성(非天性) 궤도를 이탈하였기에 태어난 인물은 반인반신 신분으로 투영되어 이를 수습하느라 많은 신학비용이 지불되었으니 복음서 기자들은 한 젊은 여성을 이용해 천지간법(天地間法)을 충돌시켜 의혹만 증폭시켜 바울이 창조주를 욕보인 것과 거의 같은 수준으로 끌어올렸다. 다시 말해 그들의 아부성, 몰이성으로 인하여 예수 출생을 망쳤다. 그래서 두고두고 미제사건으로 지구가 정지될 때까지 가게 되었다. 하늘과 땅에서 창조주의 섭리장치인 자연질서에 흠집을 남긴 선례를 남겼다. 결론을 도출하자면 바울은 첫 에덴 할매를 몹쓸 죄균(罪菌)성 바이러스를 퍼뜨린 죽일 년으로 지목하였고, 몇몇 복음서 저자들은 예수의 모친을 대리모로 전락시켜 순수한 인간의 천성(天性)을 모독했다. 만약 가브리엘과 마리아 간 밀약에 의한 예수 출생이 맞다면 예수는 역사적 실존인물이 될 수 없는 신화적인 허구인물임엔 틀림없다. 만약 마리아(馬利亞)와 가백렬(加百列)의 잉태설이 드라마의 동기부여로 작동했다면 예수는 복음서 저자들과 바울에 의해 차인(借人: 빌린 인물)된 구세주로 설익은 복음의 주연이 되었으니 어쩌겠나! 두고두고 비판과 방어로 신학론 및 기독신앙에 해결점이 보이지 않는 작금의 현황이니 수치스럽지만 공자나 석가 출생 정도라도 격을 낮추었으면 오히려 지금과 같은 웃음거리가 떠났을 것 아닌가? 어차피 종교는 진실과 멀겠지만 말이다. 반인(人)반신(神)의 모친 신분이 아닌 우리와 같은 인간이었던 마리아 또한 피해여성 신분으로 우리 곁에서 인간성 회복이 되었으면 한다. 참고로 오늘날 과학은 인류 최초 어머니는 20만 년 전 아프리카의 보츠와나 북부 부시맨 지역에 살았던 것으로 알려졌고 이들은 지구 자전축이 이동하면서 생긴 기후변화 때문에 후손들은 노지를 찾아 이동했음이 밝혀졌단다. 첫 할매는 죄가 없었다고 본다. 이브가 죄 유입했다고 하니 그나마 다행이다.

却說 제2회 심판주 신분으로 하강

거듭 필자가 말하지만 사람은 죽어서 하나님의 집인 거대한 맨션, 고대광실인 대저택으로 가서 영세를 누린다. 다시 가고 다시 오는 드라마식 천리(天理)는 존재치 않는다. 앞서 간 자가 땅 속 저택으로 가면 후임자들이 삶의 바통을 이어받다가 또 앞선 자들이 간 곳으로 귀향 보고를 한다. 이게 하나님이 살아 계신다는 커다란 증거다. 신뢰받을 수 있는 섭리자다. 바울은 기본적이고 원칙론적인 순리(順理)를 억지로 제쳐두고 자신이 하나님이라도 되는 양 기괴한 혹설을 만들어 배에 바람을 넣어 놓은 글을 남겼다. 똑 부러지게 말하지만 예수는 죽은 후 하나님 품속으로 안주하고 있고 이 세상엔 어떤 형태로든 다시 오지 않는다. 인생은 이생에서 잘잘못의 대가를 치르고 재물이나 죄를 양손에 쥐고 가지 않고 탈탈 털고 그냥 빈손으로 간다. 사필귀정의 형법(벌) 절차는 다 밟았다. 그래서 후일 바울이 말한 대로 선악 간의 심판이 있다는 풍문은 그냥 헛소리다. 일사부재리 원칙에 의해서라도 다시 재판받지 않고 법정에 서지 않는다. 주장한 바울만이 아마도 심판받을 피의자 신분이 될 가능성은 있다(농담 섞인 말이지만). 단지 예수의 정신은 지금까지 부활되고 재생산되어 있음이야 다른 현자들과 같은 경우다. 예수는 심판할 자격요건을 갖추지 않은 우리와 무게나 질량이 같은 사람일 뿐이다. 지상에서의 활동량이 전부였다. 대자연으로 가서 영생을 누리고 있다.

却說 제3회 믿음으로서 의롭다 함?

믿음(믿는다)이란 말같이 신뢰와 의심이란 동상이몽의 말이 또 있을까? 상대를 애간장 태우는 이 말은 다른 신앙세계에서는 듣기 힘든 바울의 전용 특허 용어다. 이 두 단어를 갖고 사람들을 호령한다. 마치 신도교(信度敎)인 양. 현세적 약육강식의 세계에서도 이익 충돌과 함께 우리의 자유를 자의 반 타의 반으로 제한 받는다. 창조주 하나님 아버지에 대해선 우리 마음과 지수화풍(地水火風)은 자연 속에서 자유인으로서 어느 때나 늘상 호흡하고 우연과 인연이 맞닥뜨려가면서 살아가는 것이 하나님에 대한 믿음(믿는다)의 최절정이다. 믿지 않는다면 반역하는 것이 최상책이다. 살아가고 있음은 하늘을 믿는다는 증거다. 왜냐하면 하나님 분신인 물, 공기, 열, 땅 및 제 원소를 마음껏 갖고서 살고 있지 않는가. 예수도 일찍감치 "나는 아버지와 하나다"라고 고백했잖는가? 예수도 애당초 나는 아버지와 처음부터 함께 있었다고 했다. 여기에서 '나'란 말을 누구나 대입시켜도 된다. 인류의 대표성 인물인 예수가 했던 말은 우리 개개인 모두와 동격인(同格人)이다. 필자도 아버지와 하나고 태초에 함께 있었다. 이 말이 틀

렸나? 생명의 근원 말이다. 그러니 믿고 말고가 없다. 그냥 호흡하는 것이 신뢰함이다. 믿는 것이다. 믿지 않으면 숨 쉬지 않으면 된다.

　예수가 걸은 길같이, 예수가 가진 생명의 원리같이, 예수가 길 닦은 진리는 우리 모두가 공유하니까 사실로 받아들인다. 예수의 말에 공감 안 가면 빨리 호흡 중단하고 공기를 들이키지 말아야 하고 저 넓은 공간의 꽃들도 보지 말아야 한다. 하나님이 주신 것을 몽땅 누리게 됨이 바로 하나님을 믿는 것이다. 의식하지 않아도 땅, 물, 불, 바람을 사용하고 살아감이 바로 믿는 것이다. 예수도 하나님의 하심을 그대로 충심으로 믿었다. 우리가 예수를 믿는다는 것은 말이 안 된다. 예수가 한 언행대로 우리도 본받을 수는 있다. 그러나 그의 인격을, 삶을, 신앙을 믿는다는 것은 말이 안 된다. 예수나 필자는 유신론자다. 바울은 믿음이란 잣대를 가지고 여러 모로 옥죄고 있다. 편안함을 앗아갔다. 평화를 앗아갔다. 자연에 대한, 예수에 대한 생각을 자신의 말에 가두어 놓고 우리의 마음과 자신의 교리를 가지고 신앙세계를 시험하고 있다. 그리고 하나님을 시험하고 있다. 자신의 논리(원죄론)대로라면 예수는 죄성을 가졌는데 왜 그를 믿으라고 위압하는가? 예수는 그렇게 가르치지 않았다. 나는 너희들의 친구라고 했다. 동격이라고 했다. 세상식으로 말하면 스승이지만 굳이 바울식의 주(主. 하나님)는 아니란 말이다. 예수가 동산에서 기도할 때 "저들도 나와 같이 하나 되게 하옵소서"라고 하면서 자기를 숭상하고 믿고 숭배하라는 취지의 기도를 하지 않았다. 예수를 욕보이지 말자. 순수한 예수의 길, 어두웠던 시대에 자신이 길을 만들어가면서 하나님을 아버지라고 알리면서 "나는 길이다"라고 당당하게 갈파했다. 바울은 《신약성경》에서 약 500회의 믿음이란 말 중에 절대적인 횟수를 가졌다. 〈갈라디아서〉 3장 24절, 〈로마서〉 3장 24절의 이신칭의(以信稱義: 믿음으로 의롭다 함을 얻음)가 교리 중에 백미의 위치를 차지하는 양 큰 물고기를 낚은 듯 말했다. 〈에베소서〉 2장 8절의 선물 등의 표현도 좀 그렇다. 7정(七情)으로 인해 믿음이 순식간에 날아가는 신앙세계에서 어느 정도가 믿음의 용량인가? 차라리 〈마태복음〉 17장 20절이 유용할지 모른다. 일체유심조(一切唯心造)인데, 믿음 또한 종교환경에선 갈대임을 유념하자.

却說 제4회 신분세탁의 달인

우선 바울이 유대인이 맞는가? 우선 《신약성서》에 등장하는 유의미한 인물 중에 (바울과 관련해서) 순수한 유대인의 이름이 잘 눈에 띄지 않는다. 오히려 에돔족의 유명인이 그와 관련된 내용으로서 두드러진다.

다음으로 바울이 《신약성경》 중 그의 글(10여 편)이란 서신에서 베냐민 지파라고 강조된 부분이 있다. 왜 그는 강변할까? 당시 누구 한 사람도 자신이 무슨 지파라고 스스로 드러낸 자를 보았는가? 왜냐하면 자신이 어느 지파인지 알쏭달쏭하기 때문이다.

오랫동안 국난(고난)의 연속으로 자신이 소속된 지파가 불분명했기 때문이었다. 예수 또한 제3자가 유대족속, 다윗지파, 다윗의 후손이라고만 복음 서술자가 말했을 뿐이다. 그래서 그 당시에 어느 지파 운운은 주목받지 못했던 언급이다. 그러니까 바울이 베냐민 지파라고 강조함은 역설적으로 나는 어느 지파인지 또는 유대민족이 아니라 함을 우회적으로 나타내었던 그의 실수요, 자충수가 아닌가 싶다. 초대 이스라엘 왕(王) 사울이 베냐민 지파니 자신의 소속을 개입시킴은 사울, 즉 바울이 사울왕(王)의 덕을 보자는 셈이 아닌가 말이다. 필자가 유대인이 밀집해 있는 뉴욕(특히 브루클린), 뭄바이(인도 봄베이로 유대인 밀집 지역)에서 "당신은 어느 지파냐"고 여러 번 여러 사람에게 물어보았지만 아무도 선뜻 "나는 어느 지파다"라고 말했던 자가 없었다. 필자의 속내를 남의 눈치 보지 않고 노골적으로 의견을 피력해야겠다. 바울이 베냐민 가계를 깊이 있게 들여다본 듯한 감이 온다. 12지파 중 베냐민 부족을 자신의 소속지파로 선택할 유혹이 넘쳐난 듯하다.

후광 덕을 계산하고 예수 등을 타고 로마를 엎으려는 프로젝트 말이다. 야곱이 총애했던 라헬이, 아들 베냐민을 난산 끝에 세상에 내어놓고 급기야 죽음에 이르렀는데, 라헬에 대한 야곱의 사랑은 성경에서 주목받을 인간사랑 모범사례인 것이다. 그리고 유대인이 우상화한 듯한 인물이 다윗이다. 다윗과 예수가 베들레헴 출신이고 인근지역에서 베냐민이 태어난 곳과도 자연스럽게 성골 고리가 되고 있다. 또한 국가 위난지경에 왼손잡이 에훗은 초기 민중지도자로서 나라를 건졌다. 이에 못지않게 모르드개와 에스더 또한 이스라엘을 엄청난 궁지에서 건져냈다. 줄줄이 베냐민 후예가 초특급 애국자들이고 더더욱 결정적인 인물은 위기를 기회로 삼는 바울의 초기 이름이 이스라엘 초대 왕 사울과 일치함으로써 베냐민 지파를 자기가 선택할 부족 수준과 딱 맞아떨어졌다. 베냐민 지파의 저명인사들이 이스라엘의 구원과 기쁨을 나눠 주기 위한 목적을 향한 자들이었기에 바울이 베냐민을 선택한 이유다.

또 바울의 세 번째 신분세탁성 발언은 로마 점령지 다소 지방이 자신이 태어난 곳이라 했다. 한편 다른 성경구절에선 그곳에서 성장한 곳이란 뜻으로 표현한 적도 있었다. 그의 서신 10여 곳 중에 일관된 내용이 없다는 말이다.

네 번째로 바울은 자신이 로마 시민권자라고 자랑스러운 말을 여러 번 했다. 유대인이 로마 시민권을 소지하면 로마 황제에게 절을 해야 한다. 결단코 유대인은 유일신 여호와께 경배드릴 뿐 로마인에게 절할 리가 만무하다. 그래서 바울이 유대인이 아님이 더욱 두드러지는 자승자박적인 발언이요, 자신의 발목이 잡힌 꼴이 되었다. 그리고 유대인이면 율법 준수가 우선인데 바울은 그의 서신에서 예수를 믿음으로써 구원 받는다는 내용에서 율법 준수가 빛이 바랜 듯한 암시를 누차 반복했다. 또 덧붙이자면 그가 죄수가 되어 로마를 가는데 유대인 핏줄 죄수라면 로마 병정의 호위 속에 로마로 갈 수 없다. (마병, 창병 각 70명과 보병 200명

동원은 상식으로 로마가 죄수 호송에 나랏돈을 쓸까? 또는 〈사도행전〉 23장 23절에 병력 470명이 명기돼 있다.) 그래서 하는 말인데 바울 당신의 정체는?

다섯 번째로 자신을 유명한 사람(가말리엘)의 제자라고 했다. 전하는 바에 의하면 그의 딸과 혼인관계? 다른 문헌엔 제사장 딸과 혼인했다는 말이 전해지지만, 결혼 못 해서 화가 나서 유대인 율법 준수에 반기를 들었다고도 해학적인 가정을 해보지만.

마지막으로 자신의 가족, 예를 들자면 부모(父母)에 관해선 일체 함구하고 있다. 에돔족 이두매 계열의 유명인들의 이름만으로 그와 친인척 관계인 양 탐색되고 있을 뿐, 실제로는 부인과 자식이 당연히 있었음에도 불구하고 말이다. 이것은 예수의 제자라 하지만 서신 전체에 예수에 관한 인간적 인맥 관계에 대해선 철저하게 침묵을 지킨 것과 동일한 그의 모호한 정체를 밝히지 못하게 한 고약한 인간미를 드러내고 있다. 신학자나 역사가는 바울의 신분에 관해 아는 것이 하나도 없는 듯하다. 단지 추종자들에 의해서 오늘날 바울 신학과 바울 종교의 창시자로만 종교계(기독교)에 알려지고 있다. 그리하여 예수를 전파시킨 공로자는 바울이라고 특혜 받고 있다. 그 대가성 훈장이 교회에서 그의 교리가 예수의 말보다 상위에 있을 정도로 보상받고 있다.

한 가지 성경구절만 적고 끝내자. 〈고린도전서〉 9장 19~21절에 "내가 유대인 된 것은 유대인을 얻고자 함이라"고 했는데, 여러분 독자께서 이 말에 바울이 유대인이라고 생각되는가? 아니면 에돔족의 이두매인이라고 생각되는가? 즉 헤롯의 피를 가진 씨족이라고 여겨지지 않는가 말이다. 이중 씨족가계 소유자란 말이다. 예수 그리스도를 알려고 하는 열정을 옅게(얇게) 만든 바울의 혹세무민의 전술에 더 이상 말려들지 말아야 창조주와 한발 더 가까이 다가설 것이다.

却說 제5화 합리적 직통심(心)을 차단시킴

세상사엔 귀와 코에 걸어(이현령비현령) 합리적 정론(正論)을 내세우는 수가 꽤나 있다. 가느다랗게 솟은 양쪽 절벽 위를 쳐다보면 하늘을 보는 풍경(風景)지역이 인기를 끈다(一線天). 우리 인간도 미국의 원주민들이 광활한 대지(大地) 땅을 밟고 하늘 귀에 대고 감사함과 소원을 직통으로 아뢰었던 기록들을 듣고 읽곤 한다.

그런데 바울이란 신학도통자는 다단계, 사다리 그리고 비선 실세인 양 예수의 정신을 강설하는 가운데 창조주 하나님께 감사함과 소망을 아뢸 때마다 "주 예수 이름으로 기도합니다"란 식으로 임의로 만든 중재자로 예수를 참여시킨다. 여러 계단, 예컨대 죄 사함 받고 영생을 얻으란 길목에서 부활, 승천 그리고 심판의 단계(체계적인 절차를 거쳐)를 밟은 후 영생복락이란 목표를 제시했다. 하나님과 인간, 더 나아가 자연(自然)의 본령(本領)을 송두리째 외면하고 예수의 교훈인 올바른 하나님 아버지와의 직통 소통을 왜곡된 교리로 차단시켜 자신의 가르침대로 예수를 들러리로 세워 간접적 소통방식을 제시해 근원적인 생명의 일선(一線)을 망각시키게 한 바울의 가르침을 성토한다. 내심(內心)과 하나님과의 직통 소통을 하루속히 회복하여 미신적인 바울 신학을 벗기자.

各言 Ⅳ
하스몬 왕가와 헤롯 왕가와의 혼맥

　이번 네 번째의 항목을 설정한 목적은 바울이 유대인이라기보다는 아브라함 아들 이삭의 쌍둥이 아들 에서와 야곱 중 형 에서의 후예인 에돔 족속의 이두매인 핏줄을 받은 것이 아닌가 해서 그들의 가계를 살펴봐야 했기 때문이다. 그렇게 하려고 하니 또 그에 앞서 알렉산더대왕의 발자취를 살피지 않을 수 없다. 이 대왕(大王)은 동양의 칭기즈 칸(이름: 테무진 또는 철목진, 1162~1227년, 21년 통치, 묘호: 태조, 호: 칭기즈 칸, 父: 예스게이 바가투르, 母: 호에룬[또는 허얼룬], 시호: 법천계운성무황제)과도 비교된다. 성길사한(成吉思汗), 즉 원(元) 태조 칭기즈 칸이 알렉산더대왕(大王)보다 2배 생애 동안 서양(유럽)을 품으려는 웅대한 구상을 가졌으나 실행하지 못했음과 같이 알렉산더 또한 아시아를 품으려다 미완성으로 생애를 마쳤음이다. 1550년의 시차를 두었지만 참으로 대단한 거인

(巨人)들이었다. 아무튼 간략하게나마 알렉산더대왕(혹 알렉산드로스로도 한역됨. 13년 통치함)부터 더듬어서 헤롯 가문까지로 가보고자 한다. 하스몬 왕가의 존재가치는 그들이 모세의 친형 아론의 후손으로 왕조 창건과 제사장 직분을 맡아온 가문이란 것에 역점을 두어 의미 있는 내용을 써보겠다.

却 제1회 폭넓은 흔적

유대의 멸망은 기원전 300여 년 전 인물이었던 알렉산더대왕(BC 356~323년)이 영향을 미친 끝물이기도 하다. 그는 필립포스 2세(보통 필립 2세로 통칭됨)의 아들로 10대 후반 때부터 전장터에서 공을 세웠다. 부왕 필립이 암살되자 20세에 왕위를 이어 마음껏 활동한 끝에 BC 331년 아몬 신전에서 '신의 아들'이란 신탁을 받았다. 그는 페르시아(성경에선 바사제국으로 표기됨)를 굴복시키고 드디어 BC 327년 인도까지 가던 도중 부하들의 충언을 받아들여 BC 324년 수사로 개선했다. 이곳은 헬레니즘 시대 이래 기원후에 이르기까지 그리스 색(色)이 짙었고 유대인 등 국제도시답게 여러 나라 시민이 모여 살았다. 그의 피나는 노력과 카리스마적인 지도력의 결실로 아시아와 유럽에 걸치는 대제국을 건설했건만 BC 323년에 정치적 탁월성을 발휘하지 못한 채 병사했다. 역사적으로 어마어마한 대인(大人)이 떠나면 혼란이 자동적으로 뒤따른다. 그렇지만 대왕의 재위 중 본인 스스로 박트리아 여성과 결혼하고 장병 1만 명에게도 페르시아 여자와 결혼시켜 동서융합을 모색했다. 페르시아의 궁정의식과 복장을 받아들이고 페르시아인을 문관과 무관에 채용하고 절대군주로서 군림하여 부하인 마케도니아인의 반감을 불러왔다. 그리고 알렉산드리아 흠정(欽定) 화폐를 발행키도 했으며 인프라 구축 등 동서교통을 용이하게 했으며 또 각지에 식민지를 건설하여 그리스 문화를 보급하였다. 그리스어를 공통언어로 정하고 동서(東西)를 아우르는 세계문명 형성에 크게 기여했다. 이 대왕(大王)에 관해선 유대의 대예언자 다니엘 선지자도 언급한 인물이다(〈다니엘서〉 참고). 말하자면 역사시간에 배웠던 헬레니즘 문화를 형성했다는 말이다. 그렇던 그가 죽으니 분열은 대왕의 죽음 옆에 대기하고 있다가 발 빠르게 제국에 끼어들었다. 힘센 부하들의 땅따먹기(디아도코이. 후계자란 뜻) 식으로…. 대왕의 최측근 후계자들로 나뉘었다(天下五分). 안티파트로스(BC 397~319년)는 마케도니아를 지배했고, 프톨레마이오스(BC 367?~282년. 프톨레미 왕조)는 이집트를 다스렸고, 리시마쿠스(BC 360?~281년)는 트라키아를, 안티고노스 1세(BC 382~301년)는 리키아와 프리자아를 통치했고, 셀레우코스(BC 358~280년. 셀루쿠스 또는 셀류키드로 한역됨)는 메소포타미아와 페르시아 지방을 다스렸다. 그 후계자들은 약 50년간 힘 잘 써먹었다. 그러나 사람은 누구나 간다(땅으로. 욥믈 I의 제21화 내용 참조). 이들은 치고받고 하다가 3파전으로 압축, 정리되었다.

이들 천하삼분(天下三分)을 보면, 마케도니아(카산드로스王. 안티파트로스 아들임. 데메트리오스 1세. 안티고노스 1세 아들임), 이집트(프톨레마이오스 1세) 그리고 시리아(성경엔 수리아로도 표기됨. 셀레우코스 1세)로 나뉘었다. 그렇지만 그들도 인간이기에 앞선 사람들을 따라서 죽고···. 이 중에 프톨레마이오스 계(系)와 셀레우코스계(系)만 유대와 헤롯 왕가를 설명하는 데 필요한 왕조이기에 관련된 내용과 함께 기술한다.

却 제2화 셀레우코스 왕가

알렉산더대왕의 후계자 중 1명인 셀레우코스 1세가 창건한 시리아 왕국으로 셀레우코스 1세 사후(암살됨) 안티오코스 1세(BC 280~261년), 2세(BC 261~247년), 셀레우코스 2세(BC 247~226년), 3세(BC 226~223년), 안티오코스 3세(BC 223~187년) 등이 계승했다. 이들은 주변 이집트와 페니키아 그리고 팔레스타나 지역의 지배권을 가지고 "너 죽고 나 죽자"식으로 피 터지게 싸워 이 왕국이 BC 200년경 판세를 굳혔다. 욕심이 과하여 BC 190년엔 로마, 페르가몬의 군대들에게 패해 소(小)아시아 일정 부분을 잃었다. 그러다가 안티오코스 4세(BC 175~164년 재위. 기독교 세계에선 에피파네스 4세로 알려진 유명한 통치자)는 진짜 그리스의 민족주의와 그리스 정신의 왕(王)으로서 적성을 발휘했으나 이스라엘에게는 그와 반비례로 악한 왕(王)으로 자리매김된 인물이었다. 마치 안중근이 조선에선 구국영웅이지만 일본에선 때려죽일 놈이었듯이 말이다. 그는 그리스풍(風)을 한껏 드높였다(고려 말[末]에 몽고풍이 백성생활에까지 영향을 끼쳤듯이). 그는 이집트까지 집적거리다가 로마에 혼쭐났다. 그는 또한 종교문화를 확산시켜 유대교를 압박했다. 결국 마카바이오스(마카비로 더 알려짐) 전쟁이 터졌다. 유대와 시리아 간 접전! 우리나라 3·1운동을 일으킨 동기보다 더 큰 울분이 동기부여로 작용했다. 여호와께 봉헌하고 제사 드리는 일에 너무나 큰 상처를 받았음에서랄까. 그래서 에피파네스 4세에 관해선 항목을 별도로 배당되었다.

참고로 셀류쿠스 왕조를 하스몬과 헤롯 왕조를 아는데 다소 도움이 될까 하여 통치자 명단을 나열해 보겠다. 이 셀류쿠스 왕조(실루싯, 셀루싯, 셀레우코스 등으로 번역됨을 참조 바람)(성경공부하는 자들에겐 도움이 될 듯함)는 BC 312~64년 기간 동안 존속했다.

- 셀류쿠스(실루커스) 1세: 재위 BC 312~280년.
- 안티오코스 1세(소텔): 재위 BC 280~261년. 수리아의 안디옥을 수도로 해서 갈라디아 왕국을 세웠고, 문학, 예술의 보호에도 힘을 기울였다. 특히 모세 5경의 헬라어 번역이 시작된 때이기도 했다.
- 안티오코스 2세(데오스): 재위 BC 261~247년. 안티오코스 1세의 아들로 소(小)아시아의 유대인에게 시민의 자유를 주었다.
- 셀류쿠스 2세: 재위 BC 247~226년.
- 셀류쿠스 3세(소텔): 재위 BC 226~223년.
- 안티오코스 3세: 재위 BC 223~187년. 15세에 즉위하여 식민을 다스림에 흔적을 남겼다.

- 셀류쿠스 4세(빌로바터): 재위 BC 187~175년.
- 안티오코스 4세(에피파네스 4세): 재위 BC 175~164년(혹 163년). 통치 기간 동안 유대인에게 이방신 숭배를 강요했다. 성전 기구들을 약탈했고 유대인의 헬라화를 강행함으로 인해 마카비가(家)의 저항, 즉 반란을 촉발시켰고, 하스몬 왕조 창건에 동기를 일으켰다.
- 안티오코스 5세(유파돌): 재위 BC 162. 데메드리오 1세에게 암살당함.
- 데메드리오 1세: 재위 BC 162~150년.
- 알렉산더 발라스: 재위 BC 150~145년.
- 안티오코스 6세: 알렉산더 발라스 아들로 드루보가 암살함.
- 안티오코스 7세(시 세테스): 재위 BC 138~128. 안티오코스系의 마지막 王.
- 기타: BC 63년 로마통치로 셀류쿠스 왕조는 막을 내렸다.

却 제3회 에피파네스 4세

어떤 특정 인물은 이쪽에선 영웅이지만 저쪽에선 악마 취급을 받는다. 어느 시대, 어느 왕조든 말기에는 탈과 말이 많다. 더군다나 영양가 없는 분주함과 사건들 말이다. 안티오코스 4세(에피파네스 4세. 재위 BC 175~164년[혹 163년])는 마카바이오스(마카비) 전쟁 후 바빌로니아 메소포타미아 지역을 빼앗기고 나머지 땅은 분열되었다. 그리고 안티오코스 7세는 파르티아에 대한 반격 중 죽음(BC 129년)으로서 왕조의 정통은 단절되었다. 나머지는 로마

장군 폼페이우스의 수중으로 들어갔다. 셀레우코스 왕가는 각지에 많은 도시를 건설했고 아시아의 헬레니즘화(化)를 촉진하여 급기야 바울에게까지 영향을 끼쳤는데 이제 에피파네스란 이 왕조를 끝마무리한 왕(王)과 맞닥뜨리면서 그의 활동상을 생생하게 내용들을 적어보겠다(모두 유대에 대한 내용). 그는 셀류큐스(혹은 셀레우코스. 시리아) 왕으로서 유다를 헬레니즘화하려고 힘써 유다인의 민족주의에 상처를 주었다.

참고로 유다, 유대의 혼동을 바로잡기 위해서 한마디한다. 유다라고 불렸던 이스라엘은 바벨론 포로기 이후 유대로 불리기 시작했다. BC 63년 로마가 지배한 이후론 유대는 이스라엘 전체를 지칭했다. 한 예로서 헤롯이 유대의 왕으로 불렸다. 그리고 로마제국 시대엔 유대, 사마리아, 갈릴리 등 모두 통틀어 팔레스타인이라고 불렀으니 적절하게 사용하기 바란다.

자, 안티오코스 4세의 행방을 따라가자. 그는 지성소에 들어가 약탈을 자행했는데, 이곳을 안내한 자가 아이러니컬하게도 대제사장인 더 구체적으로 말하면, 제38대 대제사장이었던 메네라우스(BC 172~162년. 10년 역임)였다. 기가 막힌 일 아닌가. 왕이 이때 도적질(훔쳐간)한 성전기물은 1,800달란트 상당의 금품이었다(계산하기엔 필자 역부족). 그는 또 그 앞서 거액의 뇌물을 받고 대제사장인 37대 야손을 임명하기도 했다. 그 야손은 원래 이름이 예수인데 헬라식 이름인 야손으로 바꾼 첫 번째 대제사장이 되었다. 그러니까 대제사장이 모세 형(兄) 아론부터 마지막 77대까지 중에서 셀류쿠스(시리아) 왕조 말기에 와서는 대제사장 후보들이 자신의 부와 명예와 권력을 위해 여호와 이름으로 성전과 나라를 팔아먹고(매국노 직무) 백성의 혈세까지 빨아먹기까지 하는 날강도 짓을 하는 직임으로, 이방권력(에피파네스 4세 이후가 최절정)과 코드 인맥으로 임명된 참으로 분노가 탱천할 지경이 되니, 급기야 마카비 혁명(일종의 정변이랄까)을 급히 불러왔던 것이다. 에피파네스 4세 이후엔 유대의 대제사장직을 쥐락펴락하는 말기적 현상에서 암흑기를 맞이했고, 에피파네스 4세가 BC 163년 봄 또는 여름에 죽고 퇴장했다. 참고로 이 당시 가장 악랄하고 유대민족의 매국적 행태를 부린 자 3명, 즉 37대(야손), 38대(메넬라우스), 그리고 39대(알키무스[야킴]) 등은 우리 조선조 매국노 인물들과는 한 수 높은 비교키 어려운 악행 성직자들이었다. 셀류쿠스 왕조 말기와 맞물려 비극적인 그들 나라의 과거사이니 그냥 참고로 읽고 지나면 된다. 우리의 과거사도 그리 밝지 않기에 호형호제급 말기적 중증 징조였구나쯤으로!

却 제4회 로마국(國)의 얼굴

예수, 바울 양인이 세상에 출현 전 100년과 사후 100년간엔 로마란 도시(국가)는 매우 분주하게 바빴다. 그것도 여러 방면에서 지역과 세계에 기여한(영향력 미침) 바가 컸다. 특히 몇몇 명사나 영웅은 역사에서 이름이 내내 오르내렸다. 경제, 사회, 정치의 급격한 변화는 도시국가 시대의 로마의 본질을 탈피하여 세계화,

국제화의 기초(초석)를 놓음과 제국적 질서에 대한 변화를 필연적인 운명으로 이어졌다. 거기에 군인과 결부된 군단(軍團)을 배경으로 정무적인 독재권을 장악하는 특이한 경향을 가져왔다. 중국의 군벌과 비슷하다고나 할까.

그리고 삼두정치란 묘한 정치체계가 돋보였다. 폼페이우스, 카이사르(시저) 그리고 안토니우스 등의 활약은 로마의 장래에 대한 이정표를 제시했음도 눈에 띈다. 그런데 BC 753년 이후 줄곧 커오다가 700년을 지나더니만 성경시대에 와서는 예수보다는 바울이 로마에 눈독들여 기독교가 생겨난 터전을 바로 로마가 제공했다. 유대로 봐서는 가까이도, 멀리도(不可近 不可遠) 할 수 없는 형편이었으나 헤롯 가문에겐 옥토가 되어 유대를 지배한 헤롯 왕조가 생겨났고 예수는 피해자가 되고 바울은 수혜자가 되어 기독교보다 바울교라 해도 큰 착오 없을 정도로 방향이 전개되었다. 어쨌거나 《신약성경》〈사도행전〉에선 유대와 이방의 대명사로 예루살렘과 로마가 대변인 역할을 했다. 이 로마가 야금야금 움직여 주변을 회초리로 당근으로 다스리는 내용 중엔 바울이 잘 활용한 시민권, 즉 항소권을 써먹은 야심가인 그가 로마 덕택으로 성공했다. 대한제국을 삼킨 일본보다는 신사적이었지만 아무래도 나라가 크면 변방의 작은 나라에선 뺏을 것은 모두 앗아간다. 특히 로마 원로원이란 정치 중심체에선 알게 모르게 주변환경을 장악했다. 속주민으로 만들고, 시민권(로마 시민권, 라틴 시민권, 로마연합 동맹시 주민 등)으로 관리를 수월케 했다. 그래서 외교권, 인사권, 재정권, 사법권, 군사권 등을 원로원이 통합관리하고 로마제국 시대의 빛난 과거사를 남겼다. 일본 또한 조선조 말기에 이런 식으로 은밀하게 기어들어와 다 가져갔잖는가? 어쩔 수 없다. 강이 약을 삼키는 데는 이런 순서가 정석이잖는가. 복잡한 중동의 팔레스타인 환경을 로마가 평정했는데 이때를 바울은 예수보다 술수가 월등해 기독교 역사에 로마와 함께 항상 엮여 나온다. 바울 신학 발전이 로마의 성쇠와 관련이 있었기에 말이다. 그래서 〈요한계시록〉에선 로마를 예수 편에서 봐서는 나쁜 쪽으로 평가되었다. 예수와 바울은 하나인 것 같으나 둘, 하나의 목표를 놓고 엉켜 있는 것 같았으나 하늘과 땅 차이의 결과물을 낳아 예수는 피해자로 바울은 승리자로 기록되었다. 그래서 로마의 흥망성쇠와 함께 우리는 요모조모로 냉철하게 더듬어봐야 할 종교사학자나 신학론자들에게 매우 난해한 과제물을 부여했으니 어떤 객관적인 수확이 있을지 기대되는구나.

却 제5회 하스몬 왕조 등장

시리아 왕조, 즉 셀류쿠스 왕국의 안티오코스 4세(에피파네스 4세)가 죽고 그의 아들 알렉산더 발라스와 또다른 아들 데메트리우스 1세 사이의 왕위 쟁탈전은 이성계의 아들들의 왕위쟁탈전에 비해 비교도 안 된다. 더욱 내분이 심각했다는 말이다. 이 쟁탈전을 기회 삼아 맛다디아의 아들 요나단은 대제사장과 왕이 될 수 있었다. 이게 마카비 가문(하스몬 왕조)이 일어나게 된 시발

점이 되었음이다. 이 요나단은 예루살렘 북서쪽에 약 30여 km 떨어진 모데인이란 마을에 살고 있던 맛다디아(Mattathias, 마티아스, BC 143년 사망)의 아들이었다. 에피파네스 4세 때 마카비 혁명을 일으킨 사람으로 예루살렘 토박이들이었다. 맛다디아 증조부가 아사모나이오스, 곧 하스몬(Hasmon)이기에 하스몬 왕가 또는 유대 독립시대라고 제사장 집안의 역사가 요세푸스는 정의했다. BC 160년(혹 161년)에 맛다디아의 셋째아들인 유다 마카비가 죽고 막내 요나단이 등장하여 형(兄)의 바통을 이어받았고 7년가량 통치했고 BC 152년부터 142년의 10년간은 대제사장직까지 겸했다. 이 내용이 뭐고 하니 요나단이 대제사장직과 정치지도자의 지위를 겸했다는 말이다. 그러니까 이때부터 유대통치자는 종교 중심의 대제사장에서 정치 중심의 왕과 군대 중심의 장군으로 성격 변화가 있었다는 것이다. BC 142년 요나단이 정치적 희생양이 되었고 요나단 형, 그러니까 맛다디아 제사장의 둘째아들인 시몬 3세가 맛다디아 가문의 마지막 남은 자로 동생 요나단의 뒤를 이었다(요나단의 아들이 있었지만 말이다).

시몬 3세는 BC 142년부터 BC 134년까지 8년간 대제사장직을 수행했다. 그가 대제사장에 취임한 첫해에 셀류쿠스 왕조의 지배로부터 유대를 독립시켜 새 시대가 열리게 되었다. 일본으로부터, 청나라로부터, 명나라로부터, 몽고로부터 조선과 고려가 독립되었듯이 유대에 강대국의 지배에서 자유(自由)가 찾아왔다는 것이다. 중국의 사인(sign) 없이 독자 행정을 하듯이 셀류쿠스력을 쓰지도 않으며 또한 그들의 도장 찍을 일이 발생하지도 않았다는 말이다. 말하자면 '시몬 제1년'이라고 독자적인 연호를 쓴다는 말이다. 대한민국이 독립되어 기뻐 날뛰었듯이 유대인들은 종려나무 가지를 흔들며 소리를 목청껏 지르고 비파와 거문고, 그리고 꽹과리소리 퍼지게 했으며 마음껏 춤을 추었다. 이날이 매년 지켜지는 기념일이 아닌가! 대제사장직이 하스몬 가문으로 이동이 된 셈이기도 했다. 시몬은 평화와 독립을 가져온 모세를 방불케 하는 지도자가 되었다. 시몬 3세가 BC 134(5)년에 죽고(사위의 배반으로) 그의 아들 힐카누스 1세가 하스몬 왕가 세 번째 대제사장이자 왕(BC 134년[혹은 135년])이 되어 재위 기간 30년 동안 유대를 다스렸다.

却 제6회 마카비 왕조의 큰 실수(책)

시몬 3세의 아들이자 마카비 왕조(또는 하스몬 왕조)의 제2대 왕인 힐카누스 1세는 할례를 장려하고 율법 준수를 고수했고 다윗 왕국을 다시 일으키려는 야심으로 통치력을 구사해서 솔로몬 왕국 이후 가장 넓은 땅을 확보했다. 그래서 200년 이상 유지해오던 '그리심산(山)'의 건축물인 사마리아 성전(BC 330년경 건축)을 부수고 말았다. 또 셀류쿠스의 안티오코스 7세(재위 BC 138~128년)의 약세(죽음)를 틈타 이두매인들의 도시인 아도라, 마리사 등을 점령했다. 그리고 힐카누스 1세는 이두매인들에게 할례를 행하고 율법과 유대인들의 풍습을 지키면 그 땅에 남을 수 있게 약속까지 해버렸다.

자! 여기서 필자가 눈여겨보는 부분이 있다. 이번 책의 제목이 예수교가 바울에 의해 사기당했다는 의미가 주요 핵심내용인데 후일 바울이 등장케 되는 환경을 바울 출생 백수십 년 전에 명석을 깔아준 때가 바로 이때며, 바울이 예수를 이용해 일할 환경을 활용했다고 보는 점이다. 바울이 할례, 율법 준수 등을 조상들이 해오던 대로 하다가 에돔족이 들어온 자의 본색을 예수를 등에 업고 드러냈다는 것이다. 왜? 할례, 율법 준수 등 유대의 전통적인 의식을 송두리째 부정(?)해 버린 점 말이다.

잠깐 옆길로 갔는데 다시 이어나가자. 이런 역사가 흐른 것은 이두매인들이 유대인화된 동기가 되었다(바로 앞에 명석 깔아준 얘기와 맥을 같이함). 그리하여 바울이 유대사회 속으로 깊숙이(안방까지) 들어와 활개치는 합법성을 부여했다는 빌미를 제공했다는 것 아닌가! 베냐민 지파니 내가 유대인 된 것 등의 말이 나온 배경이다. 바울이 유대족 핏속으로 전통이나 풍습 속으로 더 나아가 예수의 자칭 제자로까지 버젓이 외치고 다니지 않았는가! 하스몬 왕조의 통치자가 바울이 변명의 달인이 되고 이중성을 가질 수 있는 물꼬(꼼수와 잔꾀, 잔머리 굴리는 수준급으로 성장하고 왜곡시키는 달인의 경지[大家]에 이름)가 트이는 허점이 노출되어도 고스란히 당하는 기독교 사가들이나 성직자 그리고 신학이론가가 되어버린 신세가 된 것이다. 힐카누스의 팔(어깨)에 힘이 가해지게 되니까 따라오는 경호는 오만과 거짓, 그리고 부패 아니겠나! 그렇게 되다 보니 자녀 이름을 헬라식으로 바꾸고 궁정문화도 헬라 식으로 말이다. 말하자면 재빠르게도 이국화되어 간 것이다. 예루살렘 토박이 후손들이 이렇게 이방화(化)되는데 바울이 시민권(로마)을 가지고 있다 하고선 자랑해도 바울의 흠(속임수)이 힘을 받겠는가? 이미 유대인 토박이도 변질되는데 더구나 에돔 후예 바울이야!

유대 중심부가 이렇게 쉽게 정체성을 지키기에 이성을 잃던 중에 헤롯이 등장하여 하스몬 왕가를 박살내고 이후 100여 년간 에돔의 이두매인들이 유대 통치에 식은 죽 먹기보다 더 쉬운 정치환경 조성이…. 이스라엘을 헤롯가가 너무 쉽게 잡고 흔들었다. 바울이 예수의 이름을 가지고 2천 년 지난 오늘날까지도 기독교 내 교리를 제정하여 예수를 제치고 바울교 바울 신학으로 회자된들 뭐가 문제 되겠나? 예수의 생부(生父)가 노출되지 않아도 문제삼지 않은 바울은 예수를 구세주로 그리스도로 띄웠듯이 바울 자신의 가족사가 노출되지 않아도 기독교계에선 예수보다 앞선 지위를 유지하고 있는 오늘날의 기독(바울)교의 실상 아닌가? 급기야 헤롯가문이 보복으로 자신들을 살게 해준 유대인(마카비 왕조=하스몬 왕조)에게 은혜를 죽음으로 앙갚음하다가 AD 70년에 로마에게 몽땅 넘겨졌다. 에돔족이 100여 년 간 유대족을 잘 갖고 놀았다. 그랬더니 예수 탄생 시 금방 태어난 신생아를 학살했다고 분풀이성 소유 성경기자들은 역발상으로 왜곡 날조된 기록을 남기지 않았을까? 물고 물리는 성경 속의 내용들! 과연 성경 내용이 *성령의 감동*으로 쓰였나?

　이제 빨리 읽어가자. 힐카누스 1세의 5자(子, 다섯 아들) 중 맏이가 아리스토불루스 1세인데 1년간 통치했지만 바벨론 포로 이후 처음으로 머리에 왕관을 썼다. 그러니까 왕과 대제사장직을 동시에 가진 최초 인물이 되었다. 그러나 못된 짓을 했다. 무엇을? 모친을 옥에 가두고 굶겨 죽였다. 이런 패륜자는 비참하게 죽을 수밖에. 왕위를 이은 자는 아리스토불루스 1세 동생으로 형수(아리스토불루스 1대 부인)인 살로메 알렉산드라와 결혼했던 알렉산더 얀나였다. 형(兄)의 부인인(자기의 부인이 되기도 한) 살로메 알렉산드라에 의해 왕이 되고 하스몬 왕가(마카비 왕조)의 다섯 번째 대제사장(제44대)이 되기도 했다. 알렉산더 얀나는 유대의 영토를 전쟁을 통해 넓혔다. 그러나 백성들의 원성이 커서 조롱까지 받게 되니 약이 올라 동족 간 전쟁을 통해 많은 사람(50,000명 이상)이 살육당했다. 이런 식으로 악정을 하면 안 된다. 그는 또 많은 첩들과 잔치를 베풀고 수백 명(800명 정도)을 십자가에 매달아 베어버리기도 했다. 하스몬 왕가에서 이런 악을 저지른 왕이 배출되었으니 유대인 역사도 한이 많이 맺힐 수밖에! 27년간이나 왕위에 앉았다가 그의 아내에게 왕권을 넘기고 49세에 죽었다. 여왕 알렉산드라는 9년을 통치하더니 73세가 되어 죽고 잠시나마 왕위는 자신과 알렉산더 얀나 사이에 태어난 장자인 힐카누스 2세에게 넘어가고 그는 하스몬 왕가 6번째 대제사장(45대)으로도 9년간 재직했다. 이 힐카누스 2세는 뒷날 헤롯 대왕(大王)에게 죽임을 당한다. 참고로 이 살로메 알렉산드라 때 바리새인들이 산 헤드린의 회원이 되었다.

알렉산더 얀나에겐 힐카누스 2세와 차남 아리스토불루스 2세가 있었으나 힐카누스 2세가 무능하다 해서 여자인 자신의 아내에게 왕권을 넘기고 대제사장직은 여자가 못 하니까 아들 힐카누스 2세가 임명되었던 것이다. 그리고 차남 아리스토불루스 2세는 하스몬 왕가 7번째 대제사장(46대)이자 형인 힐카누스 2세와 의논 후 모친의 왕권을 획득했다. 형제 간 권력싸움으로 혐오심을 가진 유대인들이 폼페이우스에게 중재를 부탁했더니 아리스토불루스 2세가 다스린 지 3년 몇 개월 만인 BC 63년에 폼페이우스가 예루살렘을 삼켜버렸다. 어리석었던 유대인들, 말하자면 고양이 보고 반찬 가게 지켜달라는 식이었다. 점점 헤롯가문이 유대 안방 깊숙이 들어올 틈새가 보이기 시작한다. 폼페이우스는 아리스토불루스 2세의 대제사장직을 힐카누스 2세에게 되돌려주었다(47대). 그리고 통치권도 주어버렸다. 또 왕관은 쓰면 안 된다고 단서를 달았다. 왜? 이미 이때 폼페이우스는 헤롯 대왕의 아버지(父) 안티파터를 유대 총독으로 발령을 냈기 때문이다. 왕관을 쓰지 못하면 왕의 권위가 없음은 물론이다. 이때 즉 BC 63년 폼페이우스가 수리아(시리아, 셀류쿠스 왕조)를 로마의 속주로 만들고선 셀류쿠스 왕조를 역사 무대에서 퇴장케 만들었다. 그러니까 두 번이나 대제사장직을 맡은 힐카누스 2세는 하스몬 왕가의 8번째 대사장으로 23년간 직무수행을 했다(BC 63~40년). 이 힐카누스 2세 손녀가 바로 헤롯 대왕(大王)의 10명의 부인 중 한 명으로 들어가서 피가 이래저래 섞여지다 보니 바울이란 희대의 별난 자가 등장해 유대인이니 베냐민 지파니 바리새인이니 율법 준수자니 등 복잡한 변명의 해명을 자신의 편지 속에서 막 뱉어내고 있게 된다. 지루하니 끝내겠다.

却 제7회 헤롯가(家), 유대 전면에 등장

로마장군인 변방 실력자 폼페이우스는 예루살렘을 정복한 후 이두매인 헤롯 대왕(大王)의 아버지 안티파터를 유대 총독으로 임명하고 힐카누스 2세(알렉산더 얀나와 살로메 알렉산드라 사이에서의 장남)를 두 번째(47대) 대제사장으로 임명했으나 영향력 행사엔 한계를 가져왔다. 이때 또 로마 정치계에선 폼페이우스와 율리우스 카이사르(시저라고도 불림) 간 힘겨루기가 있었는데 성직자 힐카누스 2세는 카이사르의 손을 들었기에 그 대가성으로 BC 47년에 유대의 통치자로 공식 선언되었다. 그러나 실제 현장 실세는 안티파터였다. 또 고려 태조 왕건이 죽을 지경에 그를 살아나게 한 여러 장군들이 후일 성씨(姓氏) 시조가 되었듯이 BC 48~47년 사이에 카이사르가 이집트를 지배하고 있던 프톨레이 군대에 포위되었을 때 이번엔 안티파터가 카이사르를 살리는 이변이 생겼다. 이것이 유대가 이민족인 에돔족에게 지배당하는 원인 제공이 되었음을 시조 아브라함 또는 모세가 임명한 신 야훼(여호와)인들 눈치챘을까? 카이사르 머릿속엔 목숨을 살려준 안티파터에게 어떤 특혜를 줄까 하는 문제로 고민을 안게 되었다. 알렉산더 얀나의 차남 아리스토불루스 2세는 안티고누스란 아들이 있었는데 그가 하스몬가의 9번째 대제사장(BC 40~37년 직무 수행)으로 임명되었다. 그는 성직자 자리에 앉자마자 자신의 백부 힐카누스 2세 (45대, 47대 대제사장직 수행)의 귀를 잘라 1급 장애자로 만들어 앞으로는 다시는 제사장 일을 못 보게 했다(흠 있으면 성직자 될 자격이 박탈되는 조항에 의거해서). 이게 성직자가 우글거리는 종교결사체 모습들이다.

안티고누스가 BC 40년에 유대를 장악했을 때 헤롯은 발빠르게 정치풍향계를 점검하더니 로마로 급히 가서 원로원의 도움을 받아 유대왕으로 낙점되었다(이때가 BC 40년 7월). 그러니까 안티고누스가 재위 3년 3개월이 되는 때는 로마의 한 장군이 헤롯과 협치(합동작전)하여 그를 체포해서 로마로 끌고간 BC 37년이 되는 때였다(이것이 하스몬 왕조 마지막 그림이 되었다). 쇠사슬에 묶인 하스몬 왕가, 즉 유대 독립을 주도했던 마카비가(家)의 마지막 왕이었던 안티고누스는 헤롯의 요청에 의거하여 안토니우스에 의해 종지부(하스몬 왕가 멸망)를 찍었다. 후일 예수도 헤롯 대왕 가문(家門)의 요청에 따른 빌라도의 명(命)에 의해 운명을 마감한 과정이 있었듯이 말이다. 모세의 형 아론의 핏줄이 제사장으로서도, 왕좌로서도 끝났으니 결국 유다왕계가 끝이 아닌 레위족속에 의해 종교정치(신정정치)의 막을 내렸다. 하스몬 왕가는 내분으로 인하여, 야곱 핏줄의 왕국은 야곱의 동복형에서 핏줄 왕국으로 넘어갔다. 잠시지만(100여 년 간) 말이다. 평민 출신인 안티파터의 아들 헤롯 대왕에게 넘어갔으니 유대의 운명은 자기들의 인질신(神) 여호와도 어쩔 수 없는 정치환경에 손을 들었다. 넓게 봐서는 아브라함 핏줄이라고 영양가 없는 위안은 하지만…. 헤롯 대왕은 하스몬 왕가의 안티고누스를 '팽'시키고 유대왕으로 전면에 나선 후에 첫 부인 도리스와 이혼하고 힐카누스 2세의 손녀 마리암네 1세와 혼인하여 힐카누스 2세와 친구 안티파터(헤롯 대왕 父)와 사돈관계로 혼맥이 성립되어 헤롯 왕권의 정통성을 확보한 셈이다.

아래 몇 줄 문장으로 다시 정리해 보자면(중복 내용으로)…. 왜? 매우 중요한 내용이기 때문이다. 다시 정리하면 아리스토불루스 2세 아들 안타고누스는 하스몬가의 아홉 번째 대제사장이 되었다. 그리고 BC 40년에 안티고누스는 유대를 장악했을 때 헤롯은 로마에 가서 로비 활동이 성공해 정치환경을 계산한 로마 원로원은 헤롯을 왕으로 임명해 버렸다. 결국 마지막 군주는 BC 37년, 즉 안티고누스는 통치 3년에 체포되어 로마에 끌려갔다는 말이다. 복이 터진 헤롯이 그를 살려줄 인물일까? 헤롯의 요청대로 안토니우스에 의해 안티고누스는 참수되었다. 이것이 126년간 지속된 하스몬 왕가를 종지부 찍을 멸망사(史)의 소략이다. 자신의 좁은 마음속에도 있지만 집단 내부에도 있기에 권력(王權)은 평민 출신 헤롯의 부(父) 안티파터에서 아들 헤롯에게 넘어가 예수가 곤욕을 치른 일이 벌어졌다는 것이다. 대권을 거머쥔 헤롯 대왕은 안티파터 차남으로 BC 73년에서 (에돔) 후손인 이두매인 피를 받은 당시 어깨에 힘준 가문에서 태어났다. 그리고 BC 37년 유대의 왕이 되었다. 그런 한편 대제사장은 에돔 피를 받은 집단의 권력으로 임명되기 시작된다. 49대 아나넬은 헤롯왕이 임명한 인물이다. 이는 헤롯과 절친한 친구였다. 또 아리스토불루스 3세는 하스몬 왕가의 마지막 인물로 헤롯이 임명한 두 번째 대제사장으로 제50대를 기록했다. 이가 누군고 하니 힐카누스 2세 딸 알렉산드라와 아리스토불루스 2세의 아들 알렉산더 2세와의 사이에서 태어나고 헤롯 대왕의 아내 마리암네 1세의 남동생이라고 벌써 두 번째 얘기하고 있다. 그러나 18세에 죽었지만 1년 정도는 일했다. 위의 내용에서 기억하고 읽었는지는 모르겠지만 힐가누스 2세의 딸 알렉산드라가 아나넬을 대제사장으로 임명한 것은 하스몬 가문에 대한 굴욕적 처사라고 이의(異義)를 제기했다는 내용 말이다. 그녀는 프톨레미 왕조 클레오파트라 7세와의 개인적 친분관계가 있어 헤롯의 친구 아나넬(49대)을 대제사장 직분에서 쫓아내고 자기 아들 아리스토불루스 3세를 50대로 앉혔다는 말이다. 그런데 엉망진창인 대제사장 꼴을 보라. 쫓겨났던 헤롯의 친구 49대 아나넬이 또 51대로 재임명된다. 개판 아닌가! 이게 정교(政敎)유착이다. 이스라엘 유일신 여호와의 게임 즐김의 극치 중 정점이다. 이후 성직자들 모두 그런 식으로 임명된다. 4년이 지나 헤롯은 또 아나넬을 파직하고 파비의 아들 예수를 52대 대제사장으로 임명했다(이는 애굽에서 온 인물인 듯함).

이제 필자의 막말을 하겠다. 대제사장은 이제 신성하지 않다. 물론 오늘날 큰 교회의 일부 성직자도 그렇지만. 요즘 교황은 뭐 신성할까마는, 성추문, 성폭행, 성희롱의 중심에 섰던 교황의 신분을 중세 교황시절에 있었던 일도 필자가 알고 혼자 웃고 있었지만. 대제사장도 정치적으로 앉고 내리고 하여 본래의 직분과 지위는 저 멀리 수출해 버렸다(최근엔 현 교황이 경고하기를 사제들과 수녀 간의 간음사건을 중단하라고…). 그리고 헤롯이 좋아하며 죽고 못 살던 예루살렘에 살던 제사장 시몬의 딸 마리암네 2세와 결혼하기 위해 시몬을 53대 대제사장으로 임명했다.

그래도 독자는 인격신이 있다고 믿는가? 냉철한 독자께서는 침묵하겠지만, 시몬은 19년간 일했다. 시몬의 재임 시 헤롯은 성전 건축을 시작했다. 이 시몬은 마리암네 2세 부친으로 헤롯의 장인이니까 장수 재임으로.

한편 헤롯 대왕의 아들들 중 아켈라오와 안티파스가 권력 싸움을 하고 있을 때 카이사르(시저)는 팔레스타인 지역을 셋(3)으로 쪼개서 아켈라오, 안티파스 그리고 필립(빌립) 2세가 각각 분할 통치토록 했다(〈마태복음〉 2장 22절과 14장 1절 그리고 〈누가복음〉 3장 1절).

이야기를 줄여 빨리 끝내자. 헤롯 아켈라오는 헤롯 대왕과 10명의 아내 중 사마리아 여인(말다케) 사이의 소생으로 10년간 유대, 사마리아, 에돔 등 헤롯 통치지역 절반을 치리한 첫 번째 상속자다운 힘을 가졌다. 그리고 3명의 대제사장을 임명했다. 이 아켈라오 헤롯왕은 조상들의 율법을 어기고 그의 형인 알렉산더의 아내며 갑바도기아 왕 아켈라우스의 딸인 글라피라와 결혼하여 3명의 자녀를 두었다. 유대인들은 그를 미워 죽겠다고 야단들이었다.

헤롯 아켈라오가 추방된 후 유대, 사마리아, 이두매 지방이 수리아 지역에 합병되면서 구레뇨가 수리아 총독으로 파견되어 AD 9년까지 통치했다. 로마황제 카이사르 아구스도는 유대인들의 재산에 세금을 부과하기 위한 목적으로 호적을 등록하라는 명을 종종 써먹었는데, 구레뇨라는 정통관료는 잘 시행했었다.

그리고 예수활동 말엽 때 구레뇨가 수리아 총독이 되고 첫 번째 임명했던 대제사장은 안나스였다. 그의 사위는 그 유명한 가야바였다. 원래 대제사장은 한 명인데 이 장인과 사위가 힘이 있다 보니 예수 때 두 명의 대제사장 이름이 오가고 했다. 안나스는 9년간 재임했고 그의 아들 5명과 사위까지 모두 대제사장 직을 도맡았다. (다섯 명 아들은 엘르아살[61대], 요나단[64대], 데오빌루스[65대], 맛디아[67대], 안나스 2세[73대] 그리고 그의 사위 가야바는 63대로 18년간 일했다. 가장 오랫동안 재임하면서 예수와 이러쿵저러쿵 한 사연으로 얽힌다.)

그런데 안나스의 사위인 요셉 가야바는 안나스 집안의 세 번째 대제사장이었는데 AD 18년에 본디오 빌라도의 전임 총독 발레리우스 그라투스에 의해 임명되었다. 그라투스가 떠나고 빌라도(AD 26~36년)가 새 총독으로 온 후에도 계속 대제사장으로 자리를 지켰다. 이는 그가 종교지도자로서, 정치가로서, 외교가로서 탁월했음을 보이는 결과였다. 그리고 가야바는 대제사장으로서 산헤드린의 최고의장이었고 예수의 사형 판결 또한 그의 입김이 작용, 개입했음은 불문가지였다.

　얘기를 돌려서 다른 얘기를 한번 하자. 헤롯 안티파스가 본처 아레타스의 딸을 버리고 이복동생 헤롯 필립(빌립)의 아내 헤로디아를 취함으로 인해 전쟁으로 이어졌다. 즉 AD 36년에 나바테아의 왕 아레타스와 헤롯 안티파스의 결전이 빌미를 준 내용이다. 아레타스의 승리는 역사적 사실이다. 헤롯 아그립바 1세는 헤롯 대왕과 하스몬 왕가의 마리암네 1세 사이에서 태어난 아리스토불루스가 낳은 자식, 즉 헤롯 대왕의 손자다. 그의 형제, 자매는 아리스토불루스, 헤로디아, 칼키스의 헤롯 등이었다. 그리고 아그립바 1세는 3명의 대제사장을 임명했다. 기독교 박해랄까. 이런 험악한 일에도 앞장선 군주였다. 그러다가 AD 44년 갑작스럽게 충(蟲)을 먹어 죽었다.

　지금까지 다시 약기하면 유대인들의 대제사장 임명권은 AD 37년 헤롯 대왕이 왕좌에 오른 후부터 AD 66년 유대반란 발발 때까지 약 106년간이나 헤롯가(家)에서 좌지우지했다.

　자, 우리에게 낯익은 인물 차례다. 역사가 요세푸스 말이다. 왜 그를 이 항목에서 약간이나마 언급해야 하는가 하면 유대 나라가 1948년 5월 4일 독립 이전 약 2,000년간 흩어지기 바로 전을 얘기해 줄 수 있는 유일한 유대피를 가진 인물이기에서다. 요세푸스(Josephus), 즉 요셉 벤 마티아스(Joseph ben Matthias)는 가

이우스(카리굴라로 알려진 인물)가 황제 자리에 오른 AD 37년생이다. 그리고 AD 100년이 지난 어느 해에 흙으로 되돌아갔다. 그는 제사장 가문의 피를 받은 자로 모친이 하스모니안(Hasmonean) 왕가(마카비 왕조라 해도 무방함)의 후예로 왕족이다. 그가 쓴 자서전(*Life*)과 《유대전쟁사(*Wars of the Jews*)》는 세계사 역사서 중에서도 중요한 문헌으로 여겨진다. 그는 유대의 제사장이요, 사령관이요, 그리고 전쟁통에 죄수로 신분이 천당, 지옥으로 내왕했다. 그는 로마의 권력하에서는 로마 시민이요, 저술가로서 플라비우스 요세푸스로 유대민족 편에선 배신자요, 로마 편에선 쓸 만한 이민족이었다. 그러나 그의 머릿속에선 유대인과 유대민족만이 꽉 차 있었다. 우리나라 일제 강점기 때 친일파들의 처신과는 좀 거리가 먼 행동거지(行動擧止)였다. 그러나 유대인들은 그를 어떻게 평가할까? 계속 배신자로, 아니면 "이제사 이해한다" 쪽일까?

  그는 예수가 12살 때 성전 관리자들과 주고받았듯이 14살 때 랍비들이 요세푸스에게 조언을 듣기 위해 가까이했다고 한다. 16살 때부터는 유대에 대해 뭘 배우려고 발을 들여놓을 정도로 조숙했다. 그래서 19살이 되어선 바리새파의 일원이 되었고 그 외 사두개파 등에 관해서도 공부를 좀 했다. 계속 그의 활동이 이어지다가 유대전쟁이 다시 불붙게 되자 티투스(후일 부친 베스파시안 뒤를 이어 황제가 됨)와 함께 예루살렘으로 와서 예루살렘이 무너진 현장을 멍하니 보았다. 그리고 마음이 아파서 동족에게 권했다. "항복합시다." 왜? 피 흘리지 말자는 의미에서다. 이쯤 되면 요세푸스가 유대를 배반했다고 보겠는가? 이후는 더 쓰지 않겠다.

결과는 로마가 그에게 특혜를 베풀었다. 여러 황제들 밑에서 최저 신분보장은 받게 되었으나 유대민족을 옹호하는 대변인 역을 한 흔적이 여러 곳에서 보였다(북한을 대변함과는 큰 대조를 보인다). 그가 이기주의자였나? 기회주의자였겠나? 우리나라의 인물 중 누구와 비교될까? 인조 때 강홍립 장군쯤…. 요즘 친일파라고 한 인물 중에 대한민국을 위해 음으로, 양으로 크게 기여한 분들이 꽤 있잖는가. 그중에 국가통치자나 문학인, 사학가들 중에 국가를 위해, 국가 부국강병을 위해 평생을 헌신한 분들이 있는데 아직도 이들에 대해 친일파라고 딱지 붙여 매도하고 있는 작금의 못난 허똑똑이들을 볼 때 요세푸스 생각이 자꾸 떠오른다.

요세푸스는 《성경(헬라 70인경)》을 활용하여 자신의 저술에 첨가시켰다. 필자가 그의 저서를 보면서 느낀 점은 우리가 생각할 때, 그는 예수가 사형선고를 받고 십자가 사건 몇 년 후에 태어났고 그가 싸움터에 있은 지 몇 년 후에 복음서들이 세상에 얼굴을 내밀었는데 어찌하여 예수에 관해서는 금시초문인 양 별로 관심없는 인물로서였는지 기록을 반(半) 페이지 정도만 남겨놓았다(인색하게 할애했다는 말이다). 우리가 "예수 예수" 생각하는 만큼의 몇십 분의 1도 예수가 유명하지 않은 인상을 받았다. 예수가 실제 인물일까? 괜히 기독교인만 "주(主)여, 주(主)여" 하는지 모르겠다. 관심 밖의 인물을 구세주로 착각함이 아닌지 모르겠다는 말이다. 그에게 예수는 그냥 유대지방의 말썽꾼으로만 비쳤나?

요세푸스의 말은 이제 한마디만 얘기하고 끝내겠다. 〈사도행전〉에 헤롯 아그립바 1세의 죽음에 대한 이 역사가의 기록이 있는데(〈사도행전〉 12장 20~23절의 〈누가복음〉 저자가 기록한 내용), 요세푸스가, 아니면 〈사도행전〉 저자 누가가 이 성경 부분의 내용을 제공했는지, 즉 어느 쪽이 표절했는지 말이다. 또 있다. 〈사도행전〉 5장 36~37절 내용 말이다. 이 성경 내용 또한 누가란 저자가 아니면 요세푸스가 이것을 활용? 어쨌거나 문제는 문제를 낳았다. 진실과 다르게 말이다. 깊게 그리고 심각하게 따지지 말고 그냥 역사란 것은 붓 가진 자가 먼저 써먹고 공포하면 우선에는 그 역사현장을 선점하게 된다.

요세푸스는 헤롯 가문에 대해선 바울 가족관계만 제외하고 다른 가족관계는 콩이냐 팥이냐, 숟가락 숫자까지 써놓았고 앞에서 얘기했듯이 예수에 관해서는 그냥 슬쩍 있는 둥 없는 둥 맛만 보였다. 이게 아쉬운 대목이고 신학 싸움의 진흙탕에 빠지지 않는 노림수가 될 수도 있다.

얘기를 돌려 또 내려가자. 71대 이스마엘이란 대제사장은 AD 60년 베스도가 총독으로 부임 시 바울을 고소한 장본인이다. 바울의 스승이란 자였던 가말리엘이 있는데, 75대 대제사장 예수는 가말리엘 아들이다(〈사도행전〉 5장 34절 참조). 아마 그가 가말리엘과 동일인(同一人)? 76대 맛디아 대제사장 재임 시 유대와 로마 사이에 전쟁이 발발했는데, 앞에 쓴 요세푸스 이야기에서의 전쟁 이야기가 바로 이 무렵이다.

마지막 77대를 기록하고 마치자. 로마 마지막 총독 플로루스(AD 64~66년)가 예루살렘 성전 창고에서 몇 개의 보물을 훔쳐가자 유대인들이 벌떼같이 일어났다. 소위 로마 쪽에서 보면 반란이 일어났음이다. AD 69년 어느 정도 반란이 진압되는 듯했으나 황제의 아들 디도(Titus. 앞 문장엔 티투스로 씀)가 예루살렘 정복에 나섰다. 그는 5개월간 포위 끝에 예루살렘을 함락시켰다. 요세푸스는 이때 100만 명이 넘는 유대인이 살해되었다고 기술했다. 또 7만 명이 포로로 잡혀갔다고도 했다. 성전은 한 로마 병사의 방화로 완전히 전소되었다고 했다. 그러니까 헤롯 대왕이 성전을 완성한 지 불과 7년 만에 재로 변했다. 이때 반란의 주도권을 잡고 있던 열심당원들이 이 혼란, 틈을 이용해 그들 중에 제비로 뽑힌 자가 바로 마지막 77대 대제사장 파니아스였고 망할 때까지 3년간 재임했다. 이 묘책(제비 뽑는 짓거리)은 다윗이 24반열을 제비 뽑은 것을 빗대서 써먹은 것이다. 즉 타락상의 극치요 아론 때의 신성함이 부패의 적폐직이 된 것이다.

이 마지막 인물은 아프티아 출신 사무엘의 아들 파니아스다. 이 얼간이는 대제사장직이 무엇인지도 전혀 모르고 그 자리에 앉았다. 그냥 대제사장 옷을 입혀놓고 모두들 웃고 즐겼다. 이때 유대전쟁이 터졌고 반란 주동자들이 성전의 지성소를 작전 지휘소로 활용하고 했으니 이스라엘 신(神) 여호와는 그때 어디 계셨는고?

이 아론 1대부터 77대 대제사장엔 돈과 권력을 탐한 자도 있었고 49대(아나넬)부터는 아론 가문(家門)과는 상관없었다. 이들에게 예수는 고소당하고…. 지루할 만큼 길었지만 중요해서.

却 제8회 자세히 들여다본 헤롯인들

하스몬 가문과 헤롯 가문에 대해 별첨으로 가계표를 게재하였다. 참고하기를 바라면서. 헤롯이란 인물이 여러 명 있어 헷갈릴까 봐 개별 신상을 약술해 보면, 팔레스타인의 이두메(이두매) 지역 출신 통치자는 BC 47년부터 AD 79년의 기간 126년으로 잡고 있다. 헤롯 왕가는 안티파테르(안티파터)에 의해 창시했다고 보고 율리우스 카이사르(일명 시저)는 BC 47년에 안티파터(헤롯 대왕의 父)를 유다의 행정관으로 임명했으니 그 이후 그들의 통치 발자취 뼈대만 아래에 적어보겠다.

- 헤롯 대왕: 갈릴리 첫 번째 총독 후 유대인의 왕(王)이 됨(BC 37~4년). 그는 가이사랴와 예루살렘 성전 건축을 시작하고 그가 죽은 후 세 아들은 아래와 같다(아켈라오, 헤롯 안디바, 빌립).
- 아켈라오: 유대 사마리아 이두메의 분봉왕(재위 BC 4~AD 6년). 그는 AD 6년에 로마에 의해 해임되었다.
- 헤롯 안디바: 갈릴리와 라에아의 분봉왕(BC 4~AD 39년). 그는 침례 요한을 살해하여 이름났고 예수로부터는 여우란 그럴듯한 별호를 얻었다(누가복음 13장 32절).
- 빌립: 바타네아와 드라고닛, 가우라닛, 얌니아 지역의 분봉왕으로 치리함(재위 BC 4~AD 34년). 헤롯의 아들들 중 가장 흠이

없었다.
- 헤롯 아그립바 1세: 헤롯 대왕의 손자로 갈릴리 분봉왕 역임 후에 팔레스타인 왕 노릇. 재위 41~44년간 통치했고 야고보를 죽였다.
- 헤롯 아그립바 2세: 갈릴리 동부지역의 왕(재위 AD 53~70년). 바울과 친족 신분으로 대면한 듯함(〈사도행전〉 25장 13절에서 26장 32절).

제9회 헤롯 아그립바 2세

 이 헤롯가의 인물은 바울과 관련된 사연이 있었던 고로 따로 써봐야겠다. 그는 헤롯 아그립바 1세 아들로 재위 AD 50~66년 사이에 유대의 정치, 제사의 마지막을 마무리했다. 그의 부친 아그립바 1세가 죽었을 때(AD 44년)는 17세 나이였기에(어린 나이였기에) 로마 총독이 지배했다. 분봉왕(王)이 없는 상태에서 로마 총독이 임명되어 전권을 행사했는데, 그들 몇 명의 면면을 보면 파두스(AD 44~46년), 알렉산더(AD 46~48년), 쿠마누스(AD 48~52년), 벨릭스(AD 52~60년)로 이는 바울 얘기 중에 반드시 나오는 고위급 관료였다. 물론 뒤에 나오는 베스도(AD 60~62년)와 같이. 그 뒤로는 알비누스(AD 62~64년), 그리고 마지막 총독자는 플로루스로 재위 기간이 AD 64년에서 66년까지였다. 그 이후 70년까지는 온통 난리와 혼란기였다. 17세를 거쳐 점점 나이를 먹은 헤롯 아그립바 2세는 20세를 넘더니 숙부 헤롯이 다스리던 칼키스의 왕(王)이 되었고 이때부터 AD 66년 유대 반란이 일어나기까지 치세 기간 동안 6대(6명)의 대제사장을 임명했다. 이 대제사장 직이 아론에서부터 잘 내려오다가 즉 48대 안티고누스까지는 그런대로 어쨌든 명분(대의명분) 속에 대제사장직을 수행했으나 예수 탄생 때(BC 4년 또는 그전 시간대)가 헤롯 대왕이 죽기 바로 전후 시간대니까 아마도 마지막 대제사장 77대 피아니스(파니아스. 아프티아 출신)는 앞에서도 말했던 대로 백성이 고집해서 제비로 뽑아 세워진 인물로 고달픈 유대민족의 삶이었지만 이 대제사장의 광대노릇(개그맨 연출) 때문에 분통과 웃음이 함께 표출되었던 지난날의 한 장면이었다. 고려 마지막 왕이었던 공양왕(34대. 이성계는 고려 35대이자 조선을 창건한 태조였다)을 그 당시 실세들이 "누굴 뽑을까"하며 고심하던 중 거수(또는 심지 뽑듯)하여 선택되었듯이 말이다. 유대의 성직자 77대 중에 헤롯 대왕이 7명(7대), 헤롯 아그립바 1세가 3명(3대), 아그립바 2세는 6명(6대)을 임명했고, 그리고 예수가 활동하던 끝 무렵 전후에 대제사장 안나스는 9년간 재임했고 그의 아들 5명과 사위 가야바(63대로 18년간 직무 수행)까지 안나스 집안에 6명의 대제사장을 배출했으니 명문가문(家門)이 아닐 수 없었다. 성골집안이었다는 말이다. 이 대제사장 직이 49대 이후부터는 정치, 종교 농단의 온상지요 발원지요 부끄러웠던 유대민족의 민낯을 드러낸 추직(醜職: 더러운 직)이었다.

　이상의 긴 글을 통해 바울 배후로 헤롯 왕조가 관련되는바 심증이 가고 물증도 다소 있으나 바울이 100% 헤롯의 피를 갖고 태어났다고는 좀 주저되긴 하다.

부록 I
헤롯 왕가 도표

- 마카비가: 하스몬가: 맛다디아가
- 힐카누스
- 하스몬(하스모네아) 왕가
- 헤롯 대왕의 부인들(10명)

  바울 가계

  바울과 관계되는 가계표

  헤롯 가문

  헤롯 가계

  헤롯 왕조

  헤롯 가계표(안티파테르와 안티파스)

  로마 권력자들의 면면들

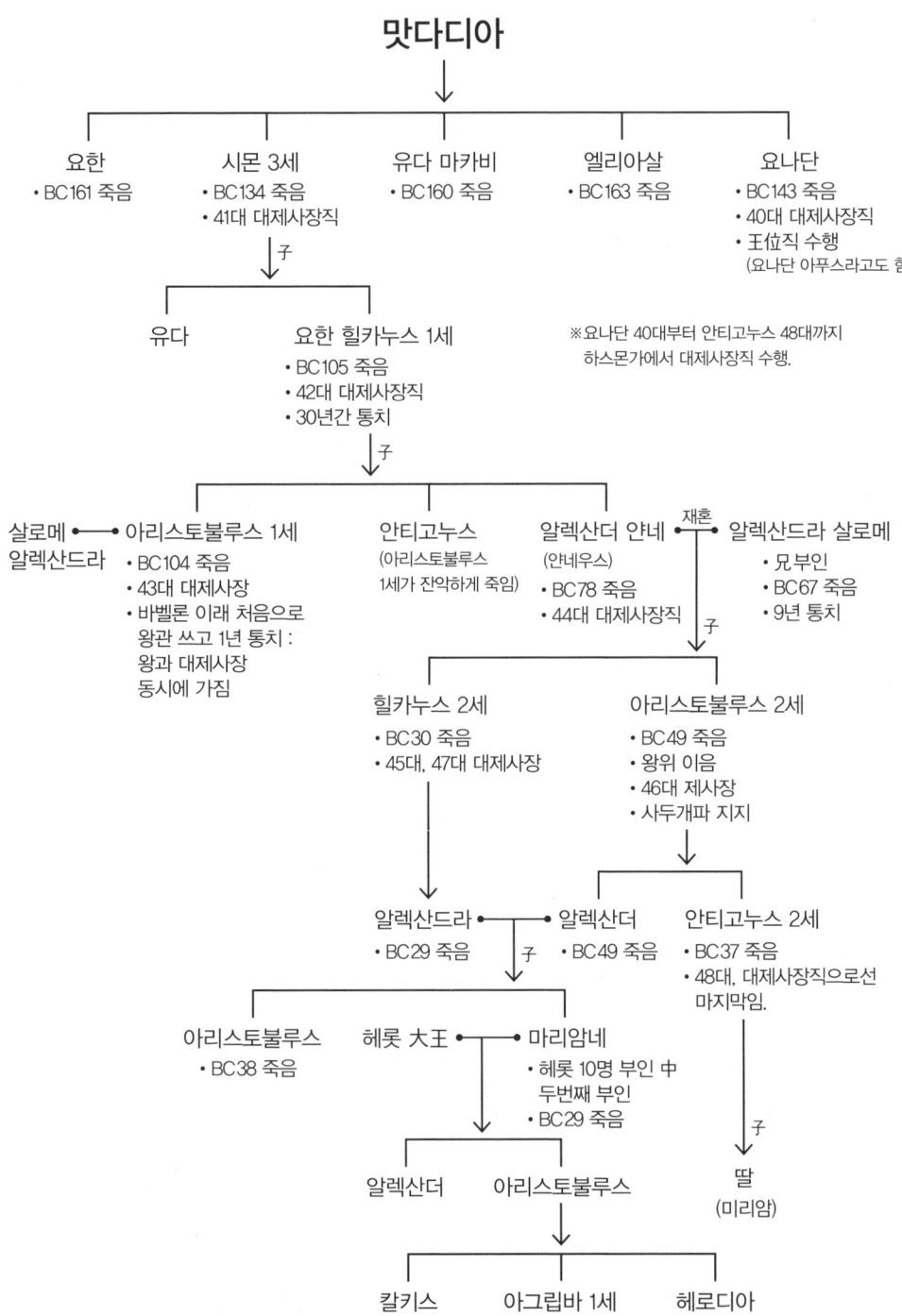

힐카누스
- 33년간 대제사장직
- 통치권 예언 은사 받음

아리스토불루스 1세
- 부친 사망 후 정권 잡음
- 바벨론에서 귀환 후 471년 3개월 만에 왕관 쓰다
- 1년 미만 집권
- 동생들과 모친 감금 (정적이라고)

子 → 안티고누스

안티고누스
- 형에게 죽임 당함

알렉산더 얀네
- 아리스토불루스 죽고 王으로 옹립됨
- 27년간 통치하다 병사함
- 아내 : 알렉산드라
- 이두매인 안티파터가 총독으로 지냄

子 子

부인 → **살로메 알렉산드라**
- 9년간

장남 → 힐카누스 2세
차남 → **아리스토불루스 2세**
- 로마로 포로 되어 감

알렉산더
- 딸은 헤롯과 결혼
- 도망침 : 참수됨

안티고누스 2세
- 로마로 포로 되어 감
- 예루살렘 함락됨
- 안토니우스에게 끌려가 도끼로 처형됨(헤롯 요청에 의해)
- 하스몬 왕가 종지부 찍음

헤롯 대왕 —첫결혼— **도리스**
- 10명의 헤롯 부인 중 첫번째 부인인 본처

子

형 → 안티파테르 ← 동생
알렉산드리아 ● — 글라피라

베레니케 —둘째부인— **안티파테르** (안티파터) —첫부인— **미리암**
- 살로메 딸
- 48대 마카비 가문의 마지막 대제사장직(안티고누스) 수행자의 딸임

子 → O

子

女 (딸) 도리스? | **바울** • 이두매 혈통의 유대인 | 아들 (루포)

하스몬(하스모네아) 왕가

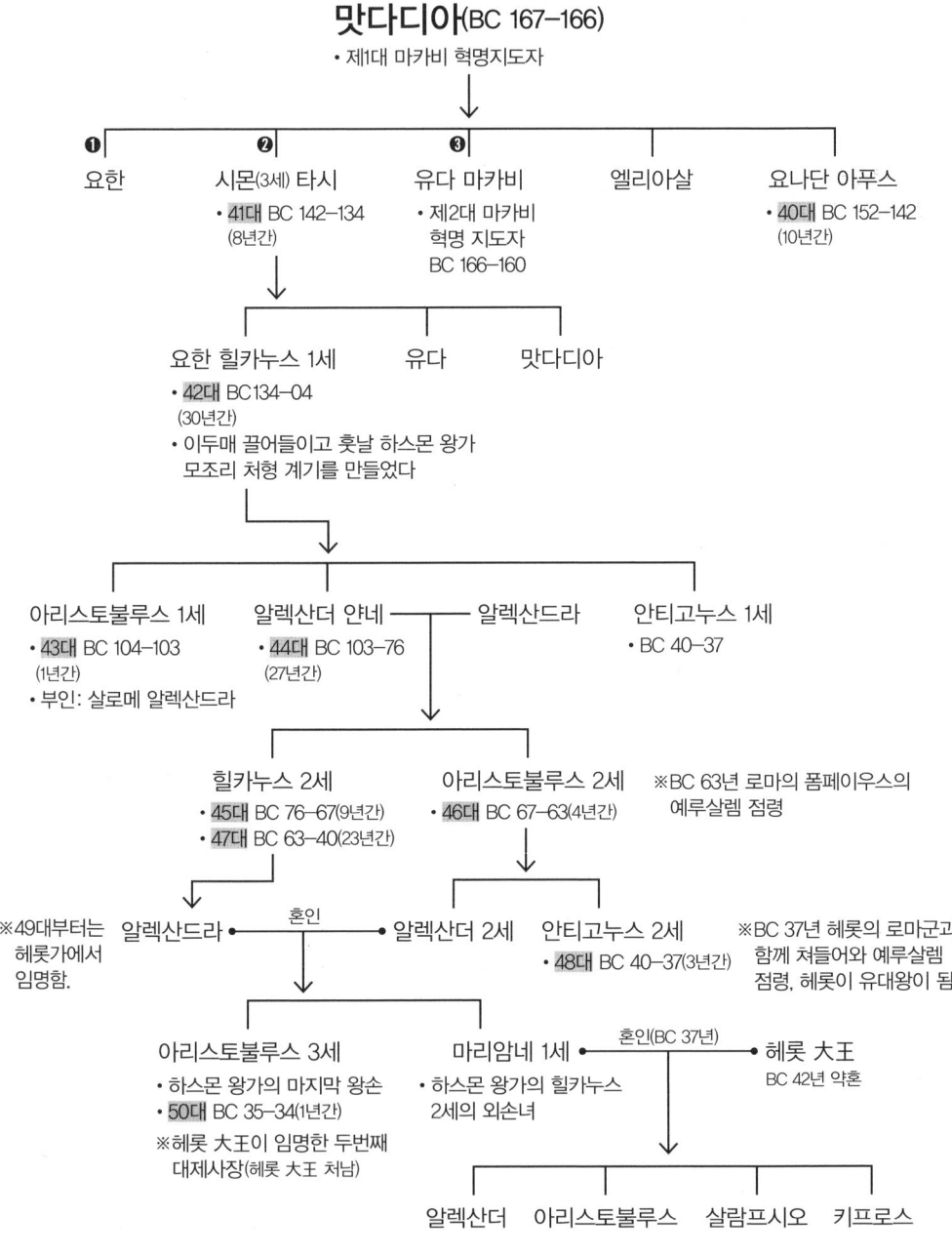

맛다디아

(BC 167-166)
- BC 167 모데인에서 반란
- 셀류쿠스와 전쟁
- 146세 생애 마침

요한
- BC 161 亡

ⓒ시몬
- BC 143-134
- BC 142 셀류쿠스 왕조 몰아냄
- 유다는 독립 쟁취
  하스몬 시대 개창(BC 142-63)
- BC 134 사위의 손에
  죽임당함

  子↓

Ⓐ유다 마카비
- BC 167-142
- 마카비 혁명
- BC 164년 12월 25일
  예루살렘 점령
  →하누카(수전절)
- 엘라사 전투에서 전사

엘리아살
- BC 163 亡

Ⓑ요나단
- BC 160-143
- BC 150 총독
- BC 143 셀류쿠스
  왕조의 반대파
  트리포 장군에게
  살해됨.

Ⓓ힐카누스 1세
- BC 134-104
- 다윗왕국 회복이 목표
  → 솔로몬 이후 최대 영토 확보
- 이름, 문화 - 헬라식으로
- 이두매(에돔) 합병

장남 ↓ (알렉산더 얀네우스)

Ⓔ아리스토불루스 1세
- BC 104-103
- 왕의 칭호 사용
- 부인: 살로메 알렉산드라
- 폐결핵으로 죽은 듯

Ⓕ알렉산더 얀네
- BC 103-76
- 부인: 살로메 알렉산드라
  (9년 통치함)
- 바리새인들 핍박·반란으로
  800명 십자가형.

⇓아내

Ⓖ살로메 알렉산드라
- BC 76-67
- 바리새인들을 산헤드린
  회원으로 세움

Ⓗ↓

장남 / 차남

힐카누스 2세
- 바리새인들의 지지 받음
- 조카(안티고누스 2세)에게 귀 잘림
- 헤롯이 처형함

아리스토불루스 2세
- BC 67-63
- 이두매 지지 받음
- 이때 폼페이우스 유다 점령
- 로마시대 개막 BC 63년

```
┌─────────────┐                                    ┌───────────────┐
│  힐카누스 2세 │                                    │ 아리스토불루스 2세 │
└─────┬───────┘                                    └───────┬───────┘
      ↓                                                  ↓子
  ⓘ 힐카누스 2세                                       ⓙ 안티고누스 2세
  • 폼페이 장군 불러들임                               • BC 40–37
  • BC 63 예루살렘 점령                                • BC 40 로마에 반란 일으킴
  • 유다 제사장              子                        • 예루살렘 점령
  • 이두매 총독 안티파스 → 안티파터는 유다               • 백부인 힐카누스 2세 귀 자르고
    총독으로 임명 됨       ┘                             제사장 못 하게 하고 추방
  • 카이사르 지지 : 王 칭호 사용                         (귀를 물어뜯었다고 – 요세푸스 記)
                                                      • 헤롯이 예루살렘 함락함
              ※ 안티파스                              • 헤롯 대왕에 의해 처형당함
                • 힐카누스 1세 때 이스라엘에              (도끼로써)
                  합병된 이두매(에돔) 지역 총독                ↓
                        ↓子                          아리스토불루스 3세
                     안티파터                          • 헤롯의 처남(헤롯 부인
                • 예루살렘에서 반란 때마다 로마 지지         마리암네와 남매간임)
                • BC 55 유다 총독으로 임명 받음           • 대제사장으로 백성들의 인기
                • 로마와 프톨레미와 알렉산드리아             높음. 그로 인해 헤롯의 질투로
                  싸움 때마다 힐카누스 2세와               궁전 연못에서 익사당함.
                  율리우스 카이사르 지지                 • 모친은 알렉산드라
                • 집정관으로 임명됨.
                  (힐카누스 2세는 王이란 칭호 사용이 허용됨.)
                • 카이사르가 BC 44 암살된 후 안티파터도
                  말리쿠스란 열심당원에 의해 독살됨.
                         ↓子
```

❶ 파사엘   ❹ 페로라스   ❷ 헤롯 ══ 헤롯 대왕   ❸ 요한

- 파사엘
  • 유다지역 사령관
  • 쇠사슬에 묶여 있던 중 스스로 머리를 바위에 부딪쳐 자결

- 헤롯 대왕
  • 갈릴리지역 사령관
  • 로마로 도망
  • BC 37–4
  • 안티고누스 2세가 점령하고 있던 예루살렘 함락 후 유다 王 됨
  • 안티고누스 2세, 사두개인들을 안디옥에서 처형함.
  • BC 20 예루살렘 성전 재개(유대인들 환심 사려)
  • 잔인하고 포악한 폭군
  • 부인 마리암네 죽임 (아리스토불루스 3세 남매)
  • 장모 알렉산드라도 죽임
  • 실명 포함하여 많은 병(10가지)으로 고통당함
  • 자지에도 종기로 벌레 생김(회저로 벌레)
  • 살아나려고 온천욕 가기도 함.
  • 부인: 말다케
                ↓子

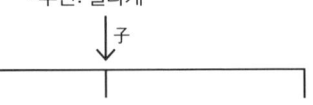

- 헤롯 아켈라우스
  • BC 4–AD 6
  • 유대와 사마리아 이두매 지역 분봉왕
  • AD 6 폐위 됨(마 2:22)

- 헤롯 안티파스
  • BC 4–AD 39
  • 갈릴리, 베레아 지역 분봉왕
  • AD 39 폐위
    마 14:1–10
    마 6:14–28
    눅 3:1, 19

- 헤롯 필립 2세
  • BC 4–AD 34
  • 이두매와 드라고닛 분봉왕

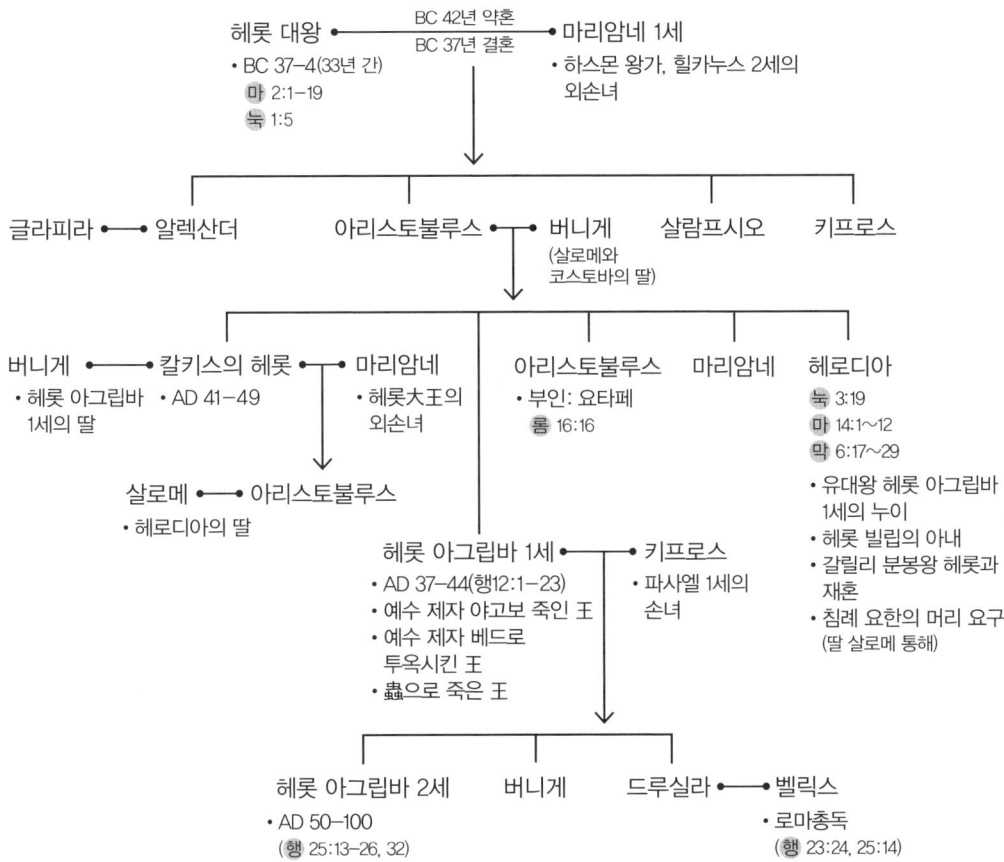

- BC 63년 로마는 예루살렘을 점령한 뒤, 힐카누스 2세를 대제사장으로, 이두매인 안티파터를 유다 총독으로 임명하였다. 안티파터는 다소 무능한 힐카누스 2세를 교묘히 이용해, 결국 로마로부터 BC 55년 유다 총독을 거쳐 BC 47년 유다 집정관직의 인준을 받아냈으며. 두 아들 헤롯과 파사엘을 각각 갈릴리 총독과 예루살렘 총독 자리에 앉힘으로써, 이때부터 헤롯 왕가는 유대 지역의 실질적인 통치권을 행사하기 시작하였다.
- BC 40년 안티고누스(아리스토불루스 2세 아들)가 파르티아인의 도움으로 대제사장과 王으로 약 3년간 다스렸으나, 로마군과 함께 쳐들어온 헤롯에 의해 예루살렘은 다 점령을 당하였고, BC 37년 헤롯은 유대의 王이 되었다. 이때 안티고누스의 죽음으로 약 126년간 유지되던 하스몬 왕가의 역사가 막을 내렸다.
- 평민 출신인 헤롯 大王은 하스몬 왕가와의 친교를 위해 마지막 왕녀 마리암네 1세와 BC 42년 약혼, BC 37년 결혼하였으나 자기의 왕위를 위협한다는 이유로 마지막 왕손인 처남 아리스토불루스 3세와 자기 부인 마리암네 1세를 포함, 하스몬 왕족을 모조리 처형하였다.
- 하스몬 왕가의 알렉산더 얀나와 그 부인 알렉산드라가 안티파스(헤롯 조부)를 이두매 전 지역 분봉왕으로 세우면서 시작된 하스몬 왕가와 헤롯 가문의 친분은, 헤롯 대왕과 마리암네 1세의 결혼으로 이어졌다. 이로써 전에 요한 힐카누스 1세(42대 대제사장으로 BC 134–104 기간의 30년 복무)의 지배 하에서 강제적인 유대화 정책을 따라야 했던 이두매(Idumea, 에돔)인들이 역으로 유대를 지배하고, 유대 백성은 그들의 치하에서 괴롭힘을 당하다가 끝내 AD 70년 로마에 의해 멸망하고 말았다. 49대 대제사장부터는 헤롯家에서 임명한 자들이고(76대까지), 77대(제사장 마지막 인물)는 제비 뽑기로 뽑았다.

헤롯 대왕의 부인들 (10명)

❶ 도리스
- 헤롯 동족
- 이두매 평민 출신
- 후계자로 지목된 안티파테르의 모친.
- 안티파테르와 키프로스가 결혼하여 바울(사울)이란 스스로 예수의 제자라 칭하는 바울 종교 창시자 출현?
- 헤롯 大王의 둘째 동생 페로라스(분봉王)의 딸과 바울(사울)이 혼인하지 않았나 눈여겨보게 되었다.

❷ 마리암네
- 힐카누스(王)의 손녀딸
- 헤롯이 힐카누스를 살해
- 소생 2남 2녀 중 장남 알렉산더(부인은 글라피라)와 차남 아리스토불루스(부인 베르니케)는 헤롯 大王(부친)이 처형했다.

❸ 말다케
- 사마리아 여인
- 헤롯 대왕 승계한 차남 아켈라오王 모친
- 2남 1녀 중 장남인 안티파스(헤롯 안디바)는 헤롯 필립 1세의 아내 헤로디아와 재혼함.

❹ 마리암네 2세
- 대제사장 시몬 딸
- 독살 사건으로 이혼당함
- 분봉왕 헤롯 필립 1세 모친
- 분봉왕 헤롯 필립은 추방됨

❺ 팔라스
- 파사엘루스 모친

❻ 클레오파트라
- 예루살렘 여인
- 분봉왕 헤롯 필립 2세 모친
- 빌립(필립)은 헤롯의 제일 훌륭한 아들(?)
- 필립은 헤롯 필립 2세와 헤로디아 사이에서 태어난 살로메와 혼인

❼ 페트라
- 록사나의 모친

❽ 베르니케
- 헤롯 누이동생의 딸
- 외손녀이면서 며느리
- 아들 아리스토불루스의 부인

❾ 엘피스
- 살로메 모친

❿ 남동생(兄) 딸
- 자식 이름 또한 불분명.

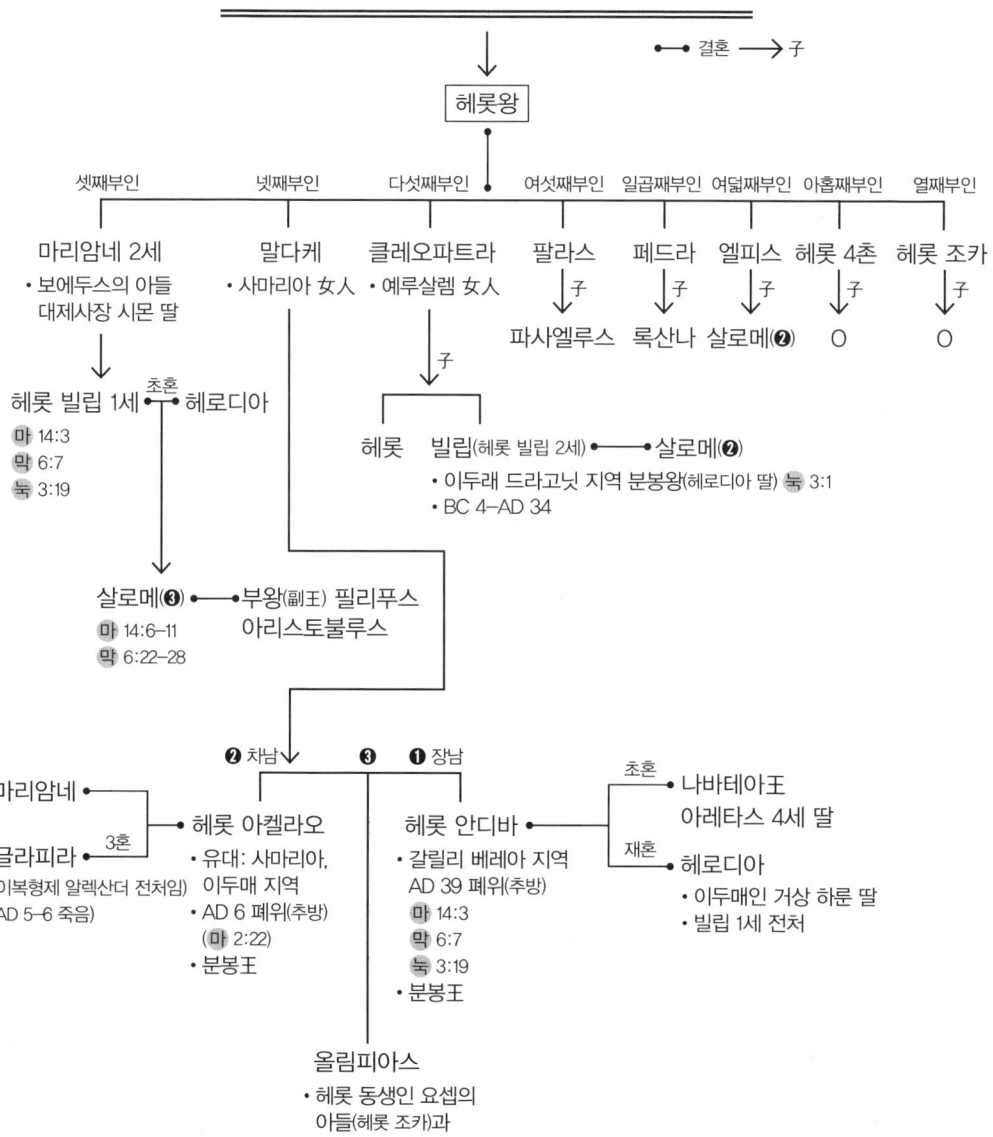

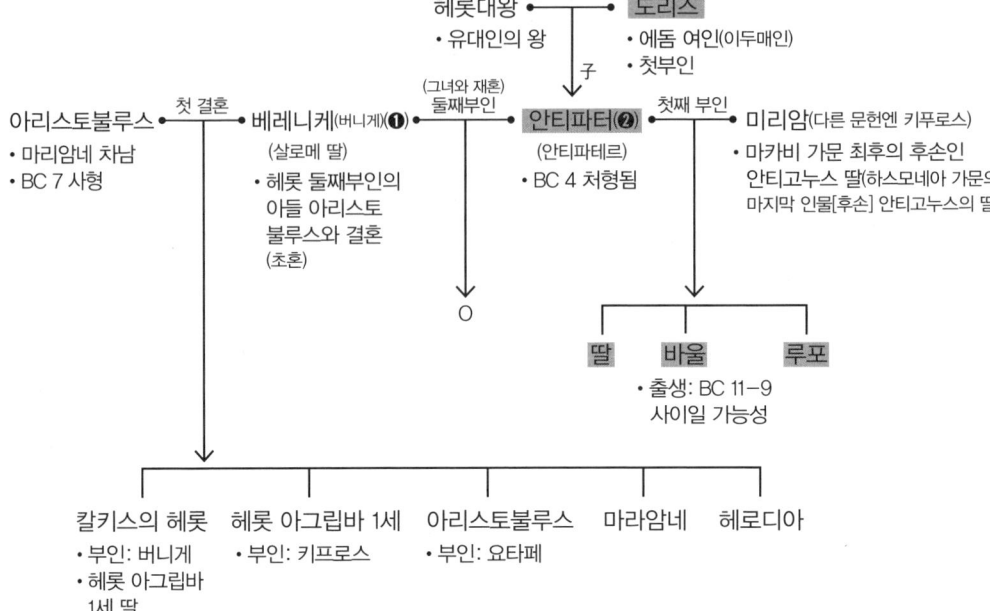

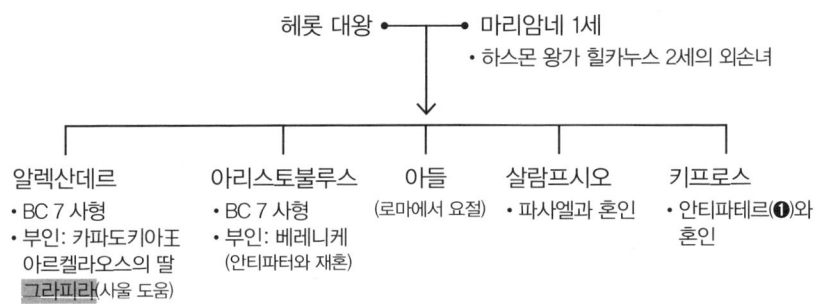

※안티파테르 = 안티파터
　키푸로스 = 키프로스

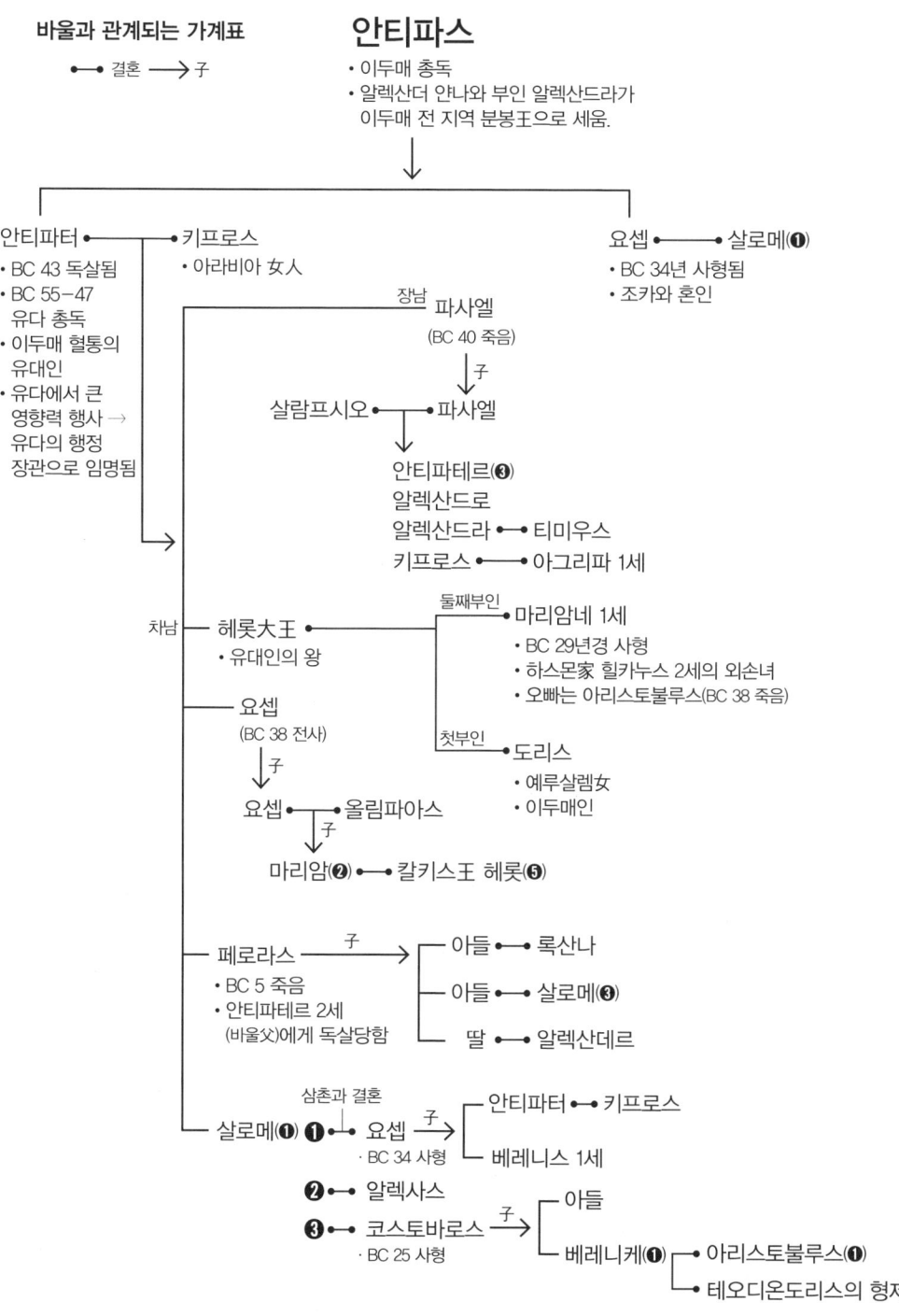

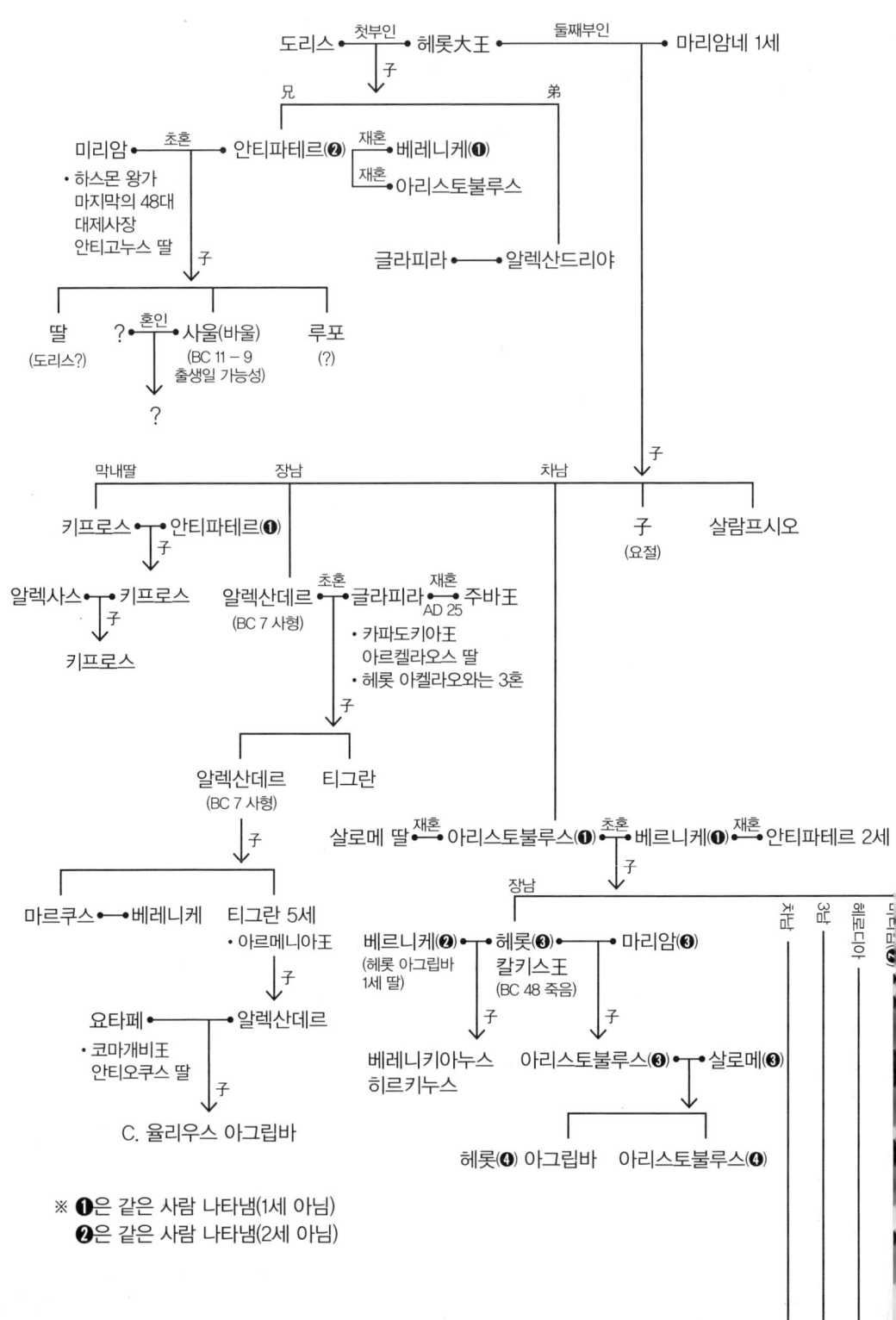

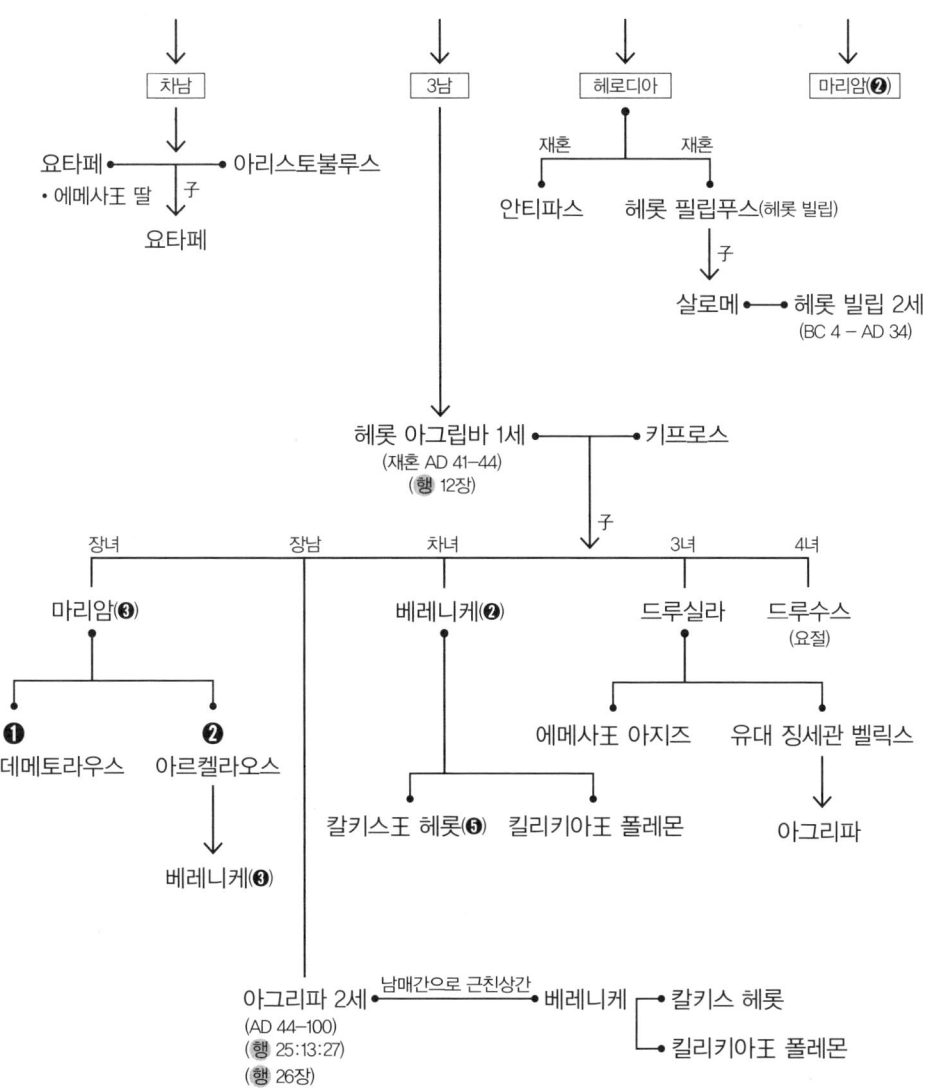

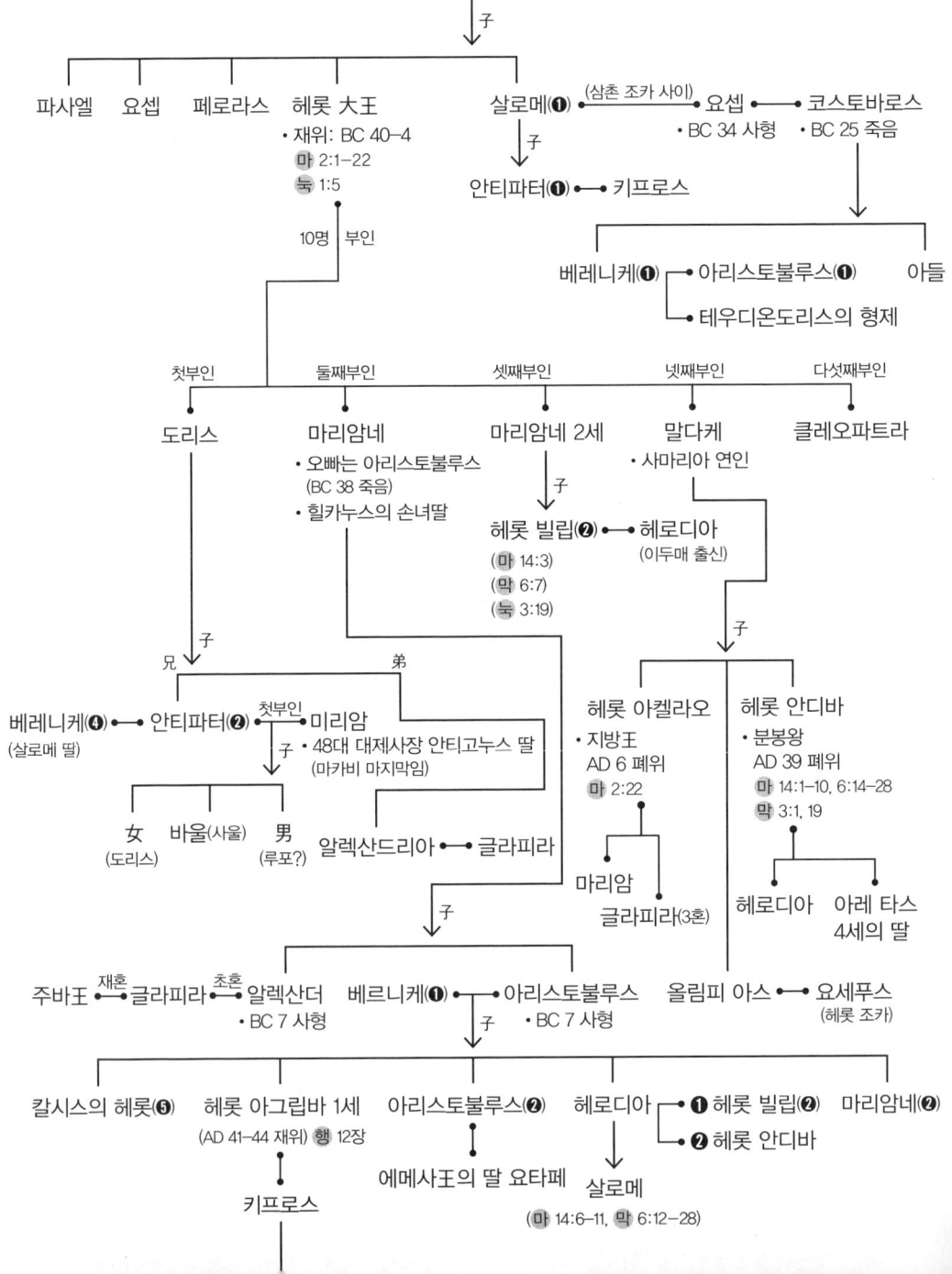

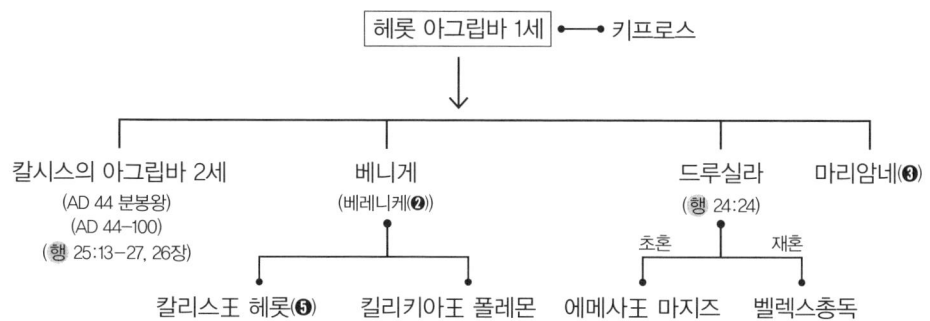
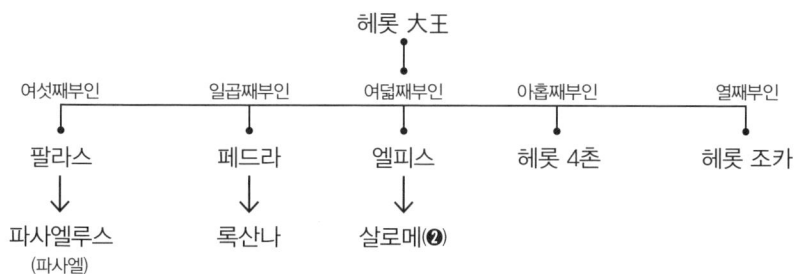
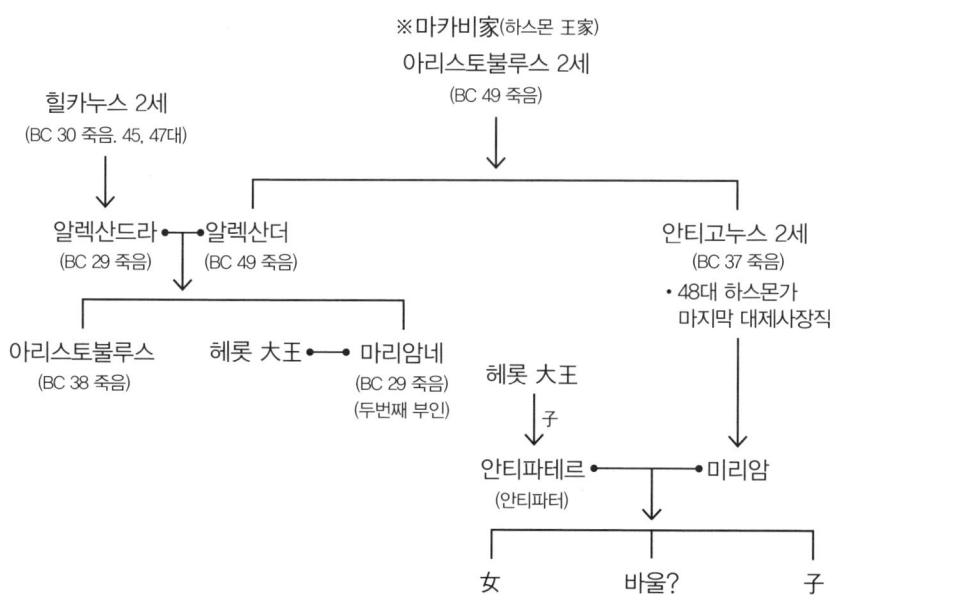

헤롯 왕조

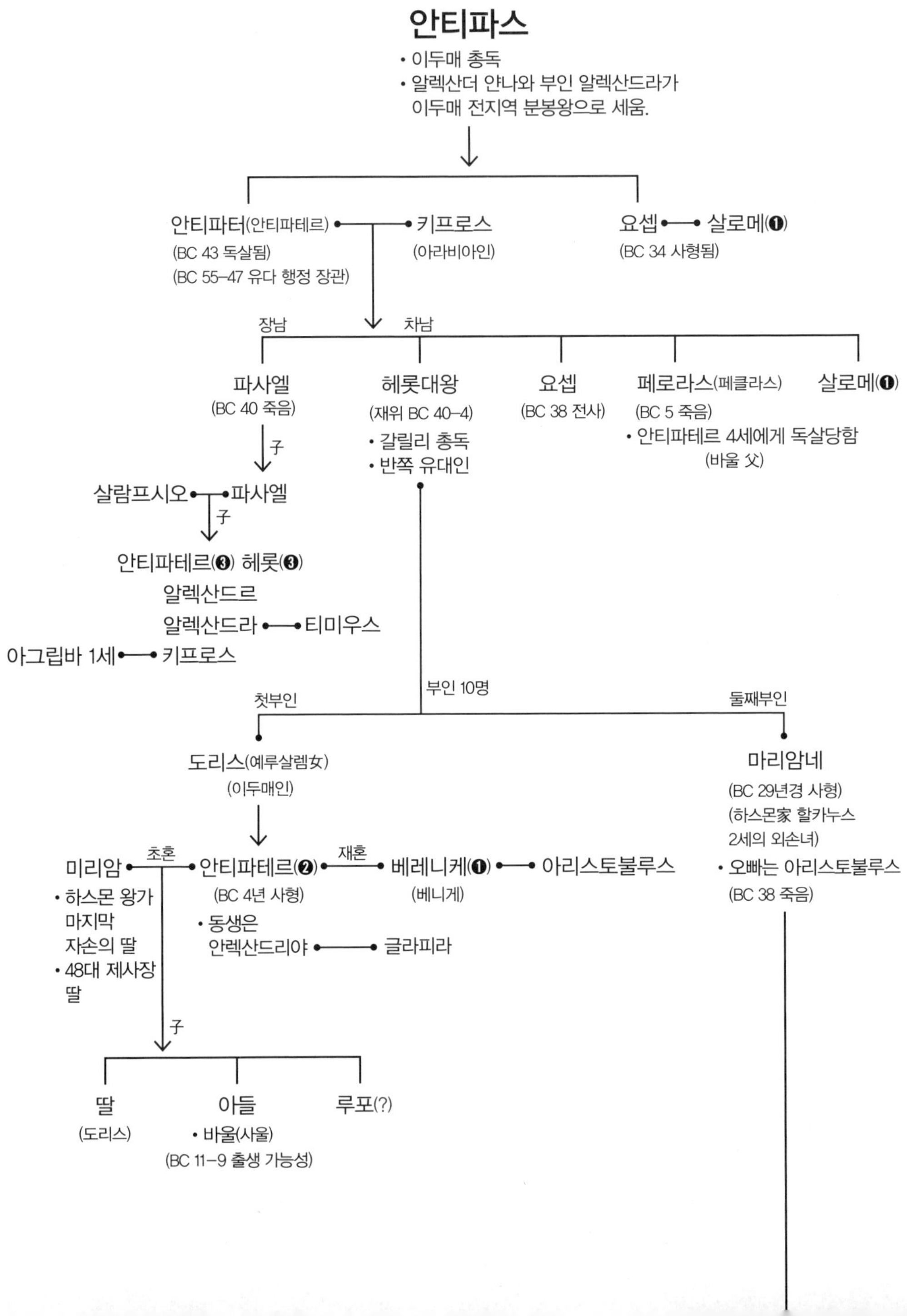

안티파스
- 이두매 총독
- 알렉산더 얀나와 부인 알렉산드라가 이두매 전지역 분봉왕으로 세움.

안티파터(안티파테르) ─── **키프로스** (아라비아인)   **요셉** ─── **살로메(❶)**
(BC 43 독살됨)   (BC 34 사형됨)
(BC 55-47 유다 행정 장관)

장남: 파사엘 (BC 40 죽음)
子 → 파사엘
살람프시오 ─── 파사엘
子 →
안티파테르(❸) 헤롯(❸)
알렉산드르
알렉산드라 ─── 티미우스
아그립바 1세 ─── 키프로스

차남: 헤롯대왕 (재위 BC 40-4)
- 갈릴리 총독
- 반쪽 유대인
- 부인 10명

요셉 (BC 38 전사)

페로라스(페클라스) (BC 5 죽음)
- 안티파테르 4세에게 독살당함 (바울 父)

살로메(❶)

첫부인: 도리스(예루살렘女) (이두매인)

미리암 ─초혼─ **안티파테르(❷)** ─재혼─ **베레니케(❶)** ─── **아리스토불루스**
- 하스몬 왕가 마지막 자손의 딸   (BC 4년 사형)   (베니게)
- 48대 제사장 딸
                          - 동생은 안렉산드리야 ─── 글라피라
子 →
딸 (도리스)   아들 • 바울(사울)   루포(?)
              (BC 11-9 출생 가능성)

둘째부인: 마리암네
(BC 29년경 사형)
(하스몬家 할카누스 2세의 외손녀)
- 오빠는 아리스토불루스 (BC 38 죽음)

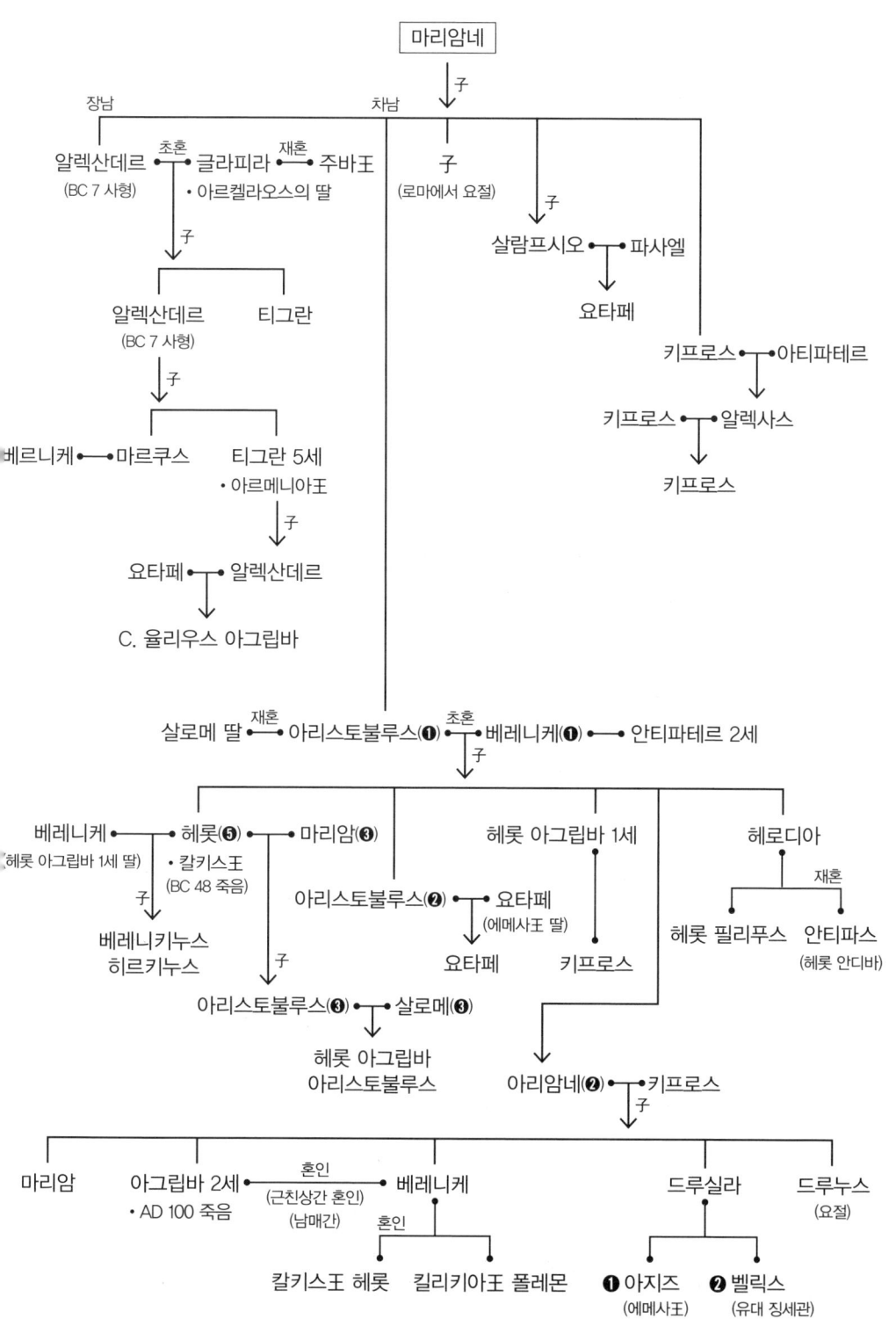

헤롯 가계표

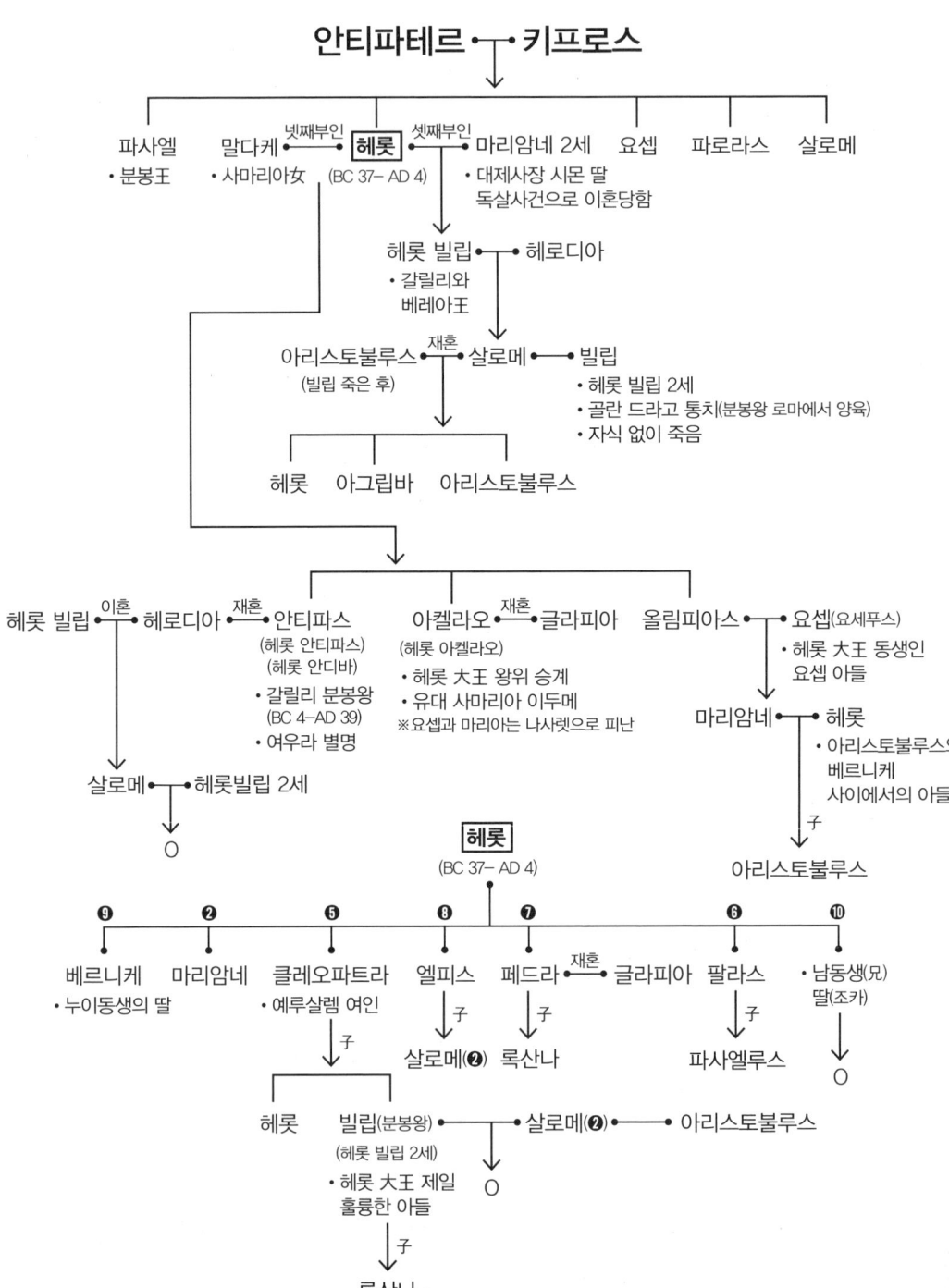

헤롯 가계표

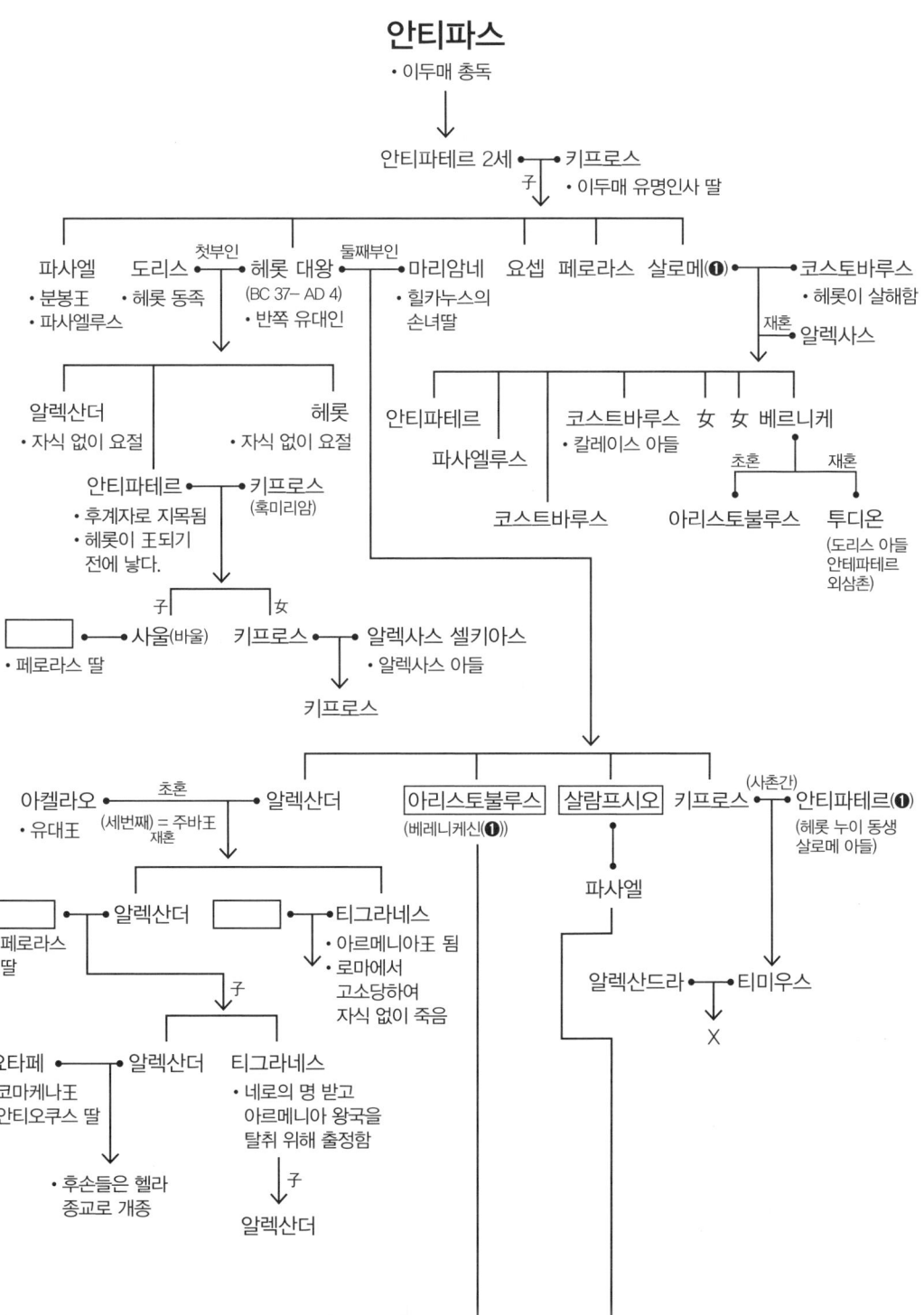

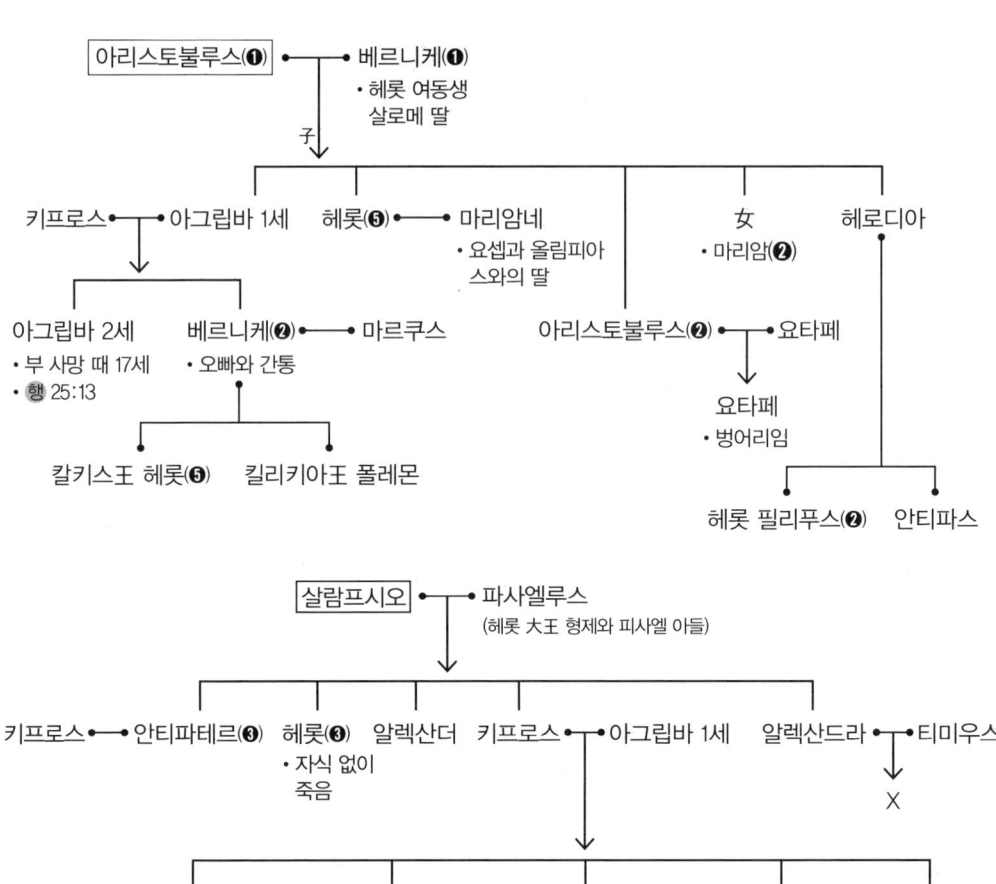

로마 권력자들의 면면들

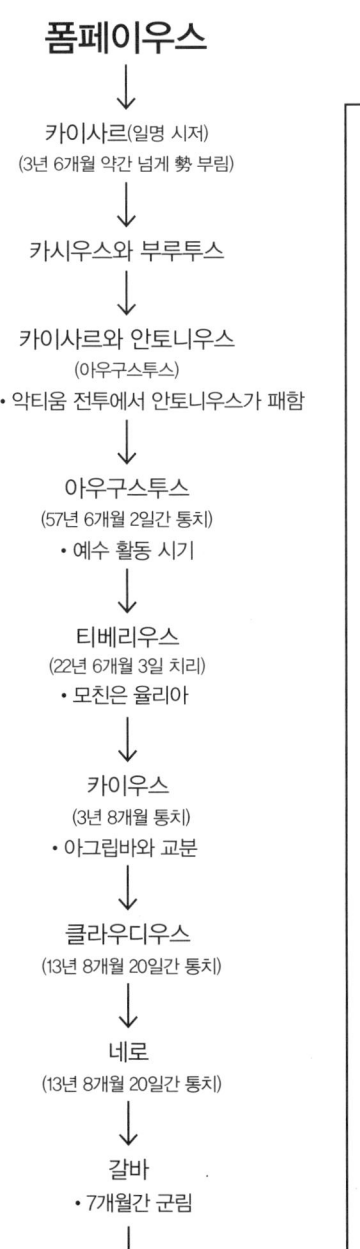

부록 II
수 72사례

먼저 72(혹은 70)에 관한 얘기를 의도함 없이 그냥 72가지의 내용을 적어 내려간다. 우주에선 의미 있는 수로 우리 생활에 접근된 듯한 수이기도 하다.

제1話 고려 말 두문불출(杜門不出: 집에서의 은거생활로 밖과는 담 쌓음의 뜻)의 말을 남긴 두문동 칠십이인(杜門洞七十二人). 즉 고려 유신 72명의 충신 열사들의 이름은 전해지지 않으나 다만 몇 사람만 그 명단을 확인해보면, 신우, 신규, 신훈, 신순, 조의생, 임선미, 이경, 맹호성, 고천상, 서중보, 황희(밖으로 나왔음) 등이다. 《두문동실기》를 남긴 성사제(72인 중 1인)의 후손이 남긴 것에는 자기 조상 성사제의 내용 중심으로 된 자료가 있다. 72현 중엔 이성계 일파에게 피살된 자들도 있다(두문동은 경기도 개풍군 광덕면 광덕산 서쪽 기슭에 있는 역사적인 땅). (제22대 정조 때 왕명으로 표절사를 세워 배향했다.)

第2話 예수 제자 70인(혹은 72인): 이들은 최측근 12명(혹 14명) 외의 제자들.

第3話 공자 제자 3,000명 중 6예에 통한 72제자(공문72현)와 핵심 제자 10철.

第4話 석가 제자 70인(혹은 72인. 10제자 외의 제자들).

第5話 히브리어 경을 헬라어로 번역한 성격은 히브리어를 모르는 유대인 교포를 위해 72명의 학자들이 72일 동안 과업을 완수함. 보통 70인 성경이라 칭함. 예수도 읽었음.

第6話 몽고 다루가치 72명 잔류시킴. 고려 서북면 40여 성에 잔류되어 관리 업무.

第7話 야곱의 식구 70명(혹은 72명): 애급으로 이류(移流)함. 이민정착 목적 ← 식량 해결로.

第8話 공자 70여 국 주유(13년 동안 왕도정치를 펼치기 위해서. 以奸者七十二君. 이때 72는 많음을 뜻함).

第9話 《삼국유사》 권1 72국조(72국조 시기를 삼한시대 초기인 서기 1년쯤).

第10話 음양이란 천지의 근본원리요, 사시(四時)는 음양의 근본 법칙이라고 말한다. 오행(五行)은 목, 화, 토, 금, 수인데 각각 초봄, 초여름, 여름, 늦가을, 늦겨울을 따라서 이름 지은 것이다. 그리고 동지를 한 해의 기운이 발달하는 시점으로 보아 갑자, 병

자, 무자, 경자, 임자에 이르기까지 1년을 360일로 하여 5개 부분으로 나누고 각각 72일을 배정하여 5행과 짝한다. 더 깊숙이 들여다보면 갑자일로부터 72일이 지나면 봄의 일을 마치고, 병자일부터 72일이 지나면 여름의 일을 마치고, 무자일로부터 72일이 지나면 여름과 가을 사이의 일을 마친다. 또한 경자일로부터 72일이 지나면 가을의 일을 마치고 임자일로부터 72일이 지나면 겨울의 일을 마친다고 하여 72일이 지나야만 장자 죽음, 역병, 신하의 죽음, 권력을 잃음(천자에 해당), 그리고 초목의 뿌리가 상함 등의 재앙에서 벗어난다는 5행 4시의 음양법 또한 72와 연관 지은 동양의 사상에 관심이 가게 된다.

제11話 노자의 모친은 임신한 지 72년 만에 노자가 출생했다고 한다. 진나라 갈홍이 지은 《신선전》에서 노자에 관한 기록 발췌.

제12話 세차운동: 72년마다 1도씩 춘분점이 이동한다. 즉 춘분점이 72년마다 1도씩 움직여 360도를 돌아 제자리로 돌아오는 데 걸리는 시간은 2만 5,920년이 걸린다. 약 2만 6,000년은 고대 이집트, 바빌로니아, 인도 베다문명, 중미 마야문명, 중국에선 이 주기를 알았던 것 같다. 그리고 태양이 황도대(黃道帶. 수대. 짐승띠 별자리, 12궁이라고도 함)를 1도 지나는 시간, 즉 71.6(≒72)시간이 걸린다고 과학자들이 말하고 있다. 조선조 말기 예언자 김항(호: 일부, 이운규 제자로 《정역》 저술) 또한 지축이 바뀐다고 설파하였다.

第13話 오산 창의사에선 당시(임진왜란) 의병으로 궐기한 사람들의 공이 현저하다 하여 72위(位)의 공신을 배향하고 있다(광산 김씨 약사에서).

第14話 72편의 음담패설: 여자의 몸으로 이 글을 쓴 마르그리트 여왕(女王)은 16세기 프랑스 국왕 프랑수아 1세의 누님이며 첫 남편과 사별하자 두 번째로 나바르 국왕인 앙리다르브레와 재혼했다. 그녀는 마르그리트란 이름보다는 나바르의 여왕으로 더 알려져 있는 여류작가다(원래 100편을 작심했으나 72편에서 끝냄).

第15話 70세가 되면 정치에서 물러난다(의고칠십이치정[義故七十而致政]): 보통 정치에서 물러남을 치사라 하거늘 신라 때는 72세, 고려에서 조선으로 넘어오면서 70세로 조정되었다(중국 관중[주로 관자]이 남긴 글에서 〈의고70이치정〉). 그러니까 70(72)세에 치사는 물론 기로소에 들어감이 조선조 역사에서 밝히고 있다.

第16話 한 번 난 모발은 6년이면 빠지는 것이 정상이다. 머리털이 빠진 자리에서는 새 털이 나오는데, 한 구멍의 머리카락이 12번 빠지고 나면, 즉 6년×12번은 72년으로 이승을 떠나야 한다(요즘은 100세 시대라?). 또 맥박수는 심장의 박동수와 같아 어른은 72회 정도다.

第17話 태산에서 하늘에 제사지내고(封於泰山), 양보에서 땅에 제사를 지낸 왕이 72가(家)에 달했다(禪於梁父[보로 읽음], 對禪之王七十二家)(관자가 환공에게 자연자원의 이용 정책에 관해 말한 내용 중에서).

제18話 탕 임금은 70리의 좁은 땅으로도 재정이 충분했다고 한다(湯有七十里之薄而用有餘)(※ 환공에게 관자가 지수(地數)에 관해 설명한 말 중에서.).

제19話 진주 하(河)씨 하륜이 태조 7년 제1차 왕자난으로 강비 소생 방번(무안대군), 방석(의안대군)이 제거될 때 연안 차씨 차원부 이하 차(車)씨 71명(72명)을 죽였다. 연안 차씨 몰락 원인은 차씨 서외손 몇몇 사람, 예를 들자면 정도전, 하륜, 함부림, 조영규 등의 사적인 감정에 의해 몰락했다고 보면 큰 착오가 없겠다.

제20話 휴정 서산대사 제자 1,000여 명 중에 이름난 고승 70(72)명이 거론된다(인위적인 인원이다).

제21話 유대교의 카발라에는 72명의 천사가 나온다(일부 문헌에는 수준급 33천사 등장).

제22話 자바섬의 보로부두르 사원에 있는 불탑의 수 72개.

제23話 중국 소림사 무예도 72가지.

제24話 백두산 천지 못에 72종의 물고기 방생: 모두 죽고 오직 간천어 한 종류만 살았다고 전한다(필자가 2011년 9월 8일 백두산 천지 못을 둘러볼 때 들었다).

제25話 어진 정치는 사방 70리(里) 땅을 가지고 다스림이 적정 영토라고(맹자가 탕 임금처럼 선정하라고 조언).

제26話 퇴계 임종 시 70여 명 제자가 모여 지켜봤다(공자, 주희, 퇴계의 수명 또한 72세, 71세, 70세를 맴돌았다).

제27話 72명으로 구림대동계 결집: 선산 임씨 임우형 제5자

(子) 임구령의 장남 임호가 발기자로서 두문동 72인 고사를 본따 내외손(內外孫) 72명으로 계를 조직함. 400여 년 이어오고 있다.

第28話 72명의 처녀 얻음이라고 규정: 무슬림들이 죽임을 당하면 곧장 하늘로 가고 72명의 처녀를 얻게 되리라 믿었기 때문에 다른 이들보다 더 맹렬하게 싸웠고 무자비하게 사람 죽이는 데 지원하는 일에 앞장선다.

第29話 종려나무가 70그루 있다고 구약 〈출애굽기〉 15장 27절에 기록되어 있다. 즉 샘 12개와 종려나무 70(72)그루가 있더라고.

第30話 무함마드 사위 알리(부인은 파티마며 4대 칼리프였다)의 큰아들 하산(무함마드 외손자)과 그의 동생 후세인은 우마이야 아들 야지드에게 도전하겠다고 공표하고서 72명의 군사를 이끌고 메디나를 떠났다. 이 72명 중에는 후세인 아내와 아이들, 비틀거리는 노년의 친척들도 있었는데 72명 수를 채우는 데 노력했고 그 중 싸울 수 있는 자는 몇 명뿐이었다.

第31話 조선조 22대 정조는 중용에 대해 70(72)항목을 뽑고선 그 문항에 답하라고 깜짝 과제를 내주었다. 이 문항 중 하나는 이황, 이이의 이(理)발 기(氣)발의 차이점에 관해 가장 먼저 물었던 것으로 남인 소속 정약용은 율곡의 기발이 옳다고 답안을 작성해 올렸다.

第32話 《구약성경》에 기드온 사사의 아내가 많으므로 그들이 낳은 기드온 아들이 70(72)인이라고 했으며 세겜에 거주한 첩 또

한 아들을 낳았는데 그 첩 소생의 이름이 아비멜렉이라고 사사기 8장 30~31절에 기록해 놓았다.

第33話 나주 정(丁)씨 정약전은 그의 저서 《자산어보》에서 비늘이 있는 인류 71(72)종을 분류해 놓았는데 그는 정약용의 형(兄)이었다.

第34話 이스라엘 장로 70(72)명이 곤충, 짐승의 우상을 벽에 그려놓고 숭배하고 있다고 〈에스겔〉 8장 10~11절에 기록해 놓았고 담무스를 위해 애곡한다고도 〈에스겔〉 8장 14절에 써놓았다.

第35話 〈창세기〉 10장에 70(72)개 민족이 기록되어 있다. 우리나라 삼한시대에도 70개국으로 정사(正史)에 기록되어 있다.

第36話 올림픽 봉화(런던올림픽 채화에서도) 개시일로부터 70일 동안 봉송케 된다.

第37話 국립문화예술원이 70(72) 소외지역을 찾아가는 문화공연을 발표하는 한편 정명훈의 지휘로 남북합동 오케스트라 연주회에 남북 각각 70명씩의 단원으로 공연키로 했다(140~144명).

第38話 구약 선지자 이사야는 신전을 만국을 위한 성전이라고 지칭했고 석콧(Sukkot) 명절의 신전 예식 때에는 황소 70(72)마리를 제물로 바쳤는데 이는 이 세상의 70(72)민족을 의미하는 것이라고. 그래서 예루살렘 성전으로부터 그들이 받는 큰 혜택을 만약 (AD 70년에) 로마인들이 알았더라면 결코 성전을 파괴하지 못했을 것이라고 탈무드는 말한다. 우리나라의 〈신지비사〉 내용과

비슷함도 눈여겨볼 사안이다.

　第39話 소현세자는 청에 볼모로 잡혀가서 8년의 생활을 청산하고 귀국한 후 70(72)일 만에 학질에 걸려 침을 맞고 죽었다. 인조의 독살이란 설이 우세한 이러쿵저러쿵 속에서…. 또한 세계 3대 불교 유적지 중 하나인 보로부두르 사원은 인도네시아 자바 섬에 있다. 이는 2,500㎢ 면적의 언덕 위에 8~9세기에 세워진 유적지로 40m 높이에 10층 규모의 사원인데 사원 상단에 72개 스투파(사리봉안 건축물)가 있다. 이 사리탑엔 불상이 있다. 관광지로서 유명하다.

　第40話 모세는 70(72)명의 장로를 임명했다고 〈민수기〉 11장 16절과 24절에서 기록해 놓았다. 한편 유대 대제사장 77명 중 헤롯가(家)의 인물을 임명한 자를 제외하면 72명쯤으로 기록하고 있다.

　第41話 최제우(경주 최씨)가 경주에서 잡혀 옥에 갇혔을 때 그리고 풀려날 때에 옥문 밖에 700여 제자들이 모였었고, 어느 날 최시형 등이 모인 자리에서 몇 마디 하고 모두 돌려보냈는데 이내 70(72)명의 포리들이 몰려와서 최제우를 체포하고 대구에서 40세 일기로 생을 마감했다. 또한 영국 런던의 대(大)관람차인 런던아이(London EYE)는 1999년에 설치했는데, 높이가 135m이고, 더 샤드(The Shard)는 높이 3,096m에 72층으로 되어 있다. 이는 유럽연합에서 가장 높은 건물로 알려지고 있다.

　第42話 72명의 아담이 있었다고 한다. 무슨 말인고 하니 노아

에 대해 상당한 호감을 갖고 있는 예지드족 신앙에서 나왔는데 이들은 이라크, 이란 국경지역에 거주하는 사람들로서 그들 자신은 노아의 직계후손이라고 서슴없이 말하고, 노아의 홍수는 2번 있었는데 성서에 있는 홍수는 두 번째 홍수라고 했다. 성서에 있는 아담은 한 사람이 아니고 모두 72명의 아담이 있는데 성서의 아담은 마지막이었고 그들은 각각 1만 년씩 살았으며 그동안 지구상에 아무도 살지 않았다고 하는데 마지막 아담의 후손들이 바로 자기들이라고 하는바(자기들은 곧 우리들) 그때 홍수는 7,000년 전에 된 것이라고 한다. 최고 인류역사는 14만 4,000년이 되었다고도 부언했다. 즉 72명의 아담은 별의 창공이 세차 주기의 1도를 움직이는데 걸리는 72년을 가리키며 이 수의 합산을 의미하는 총 햇수는 144만 년, 72명의 아담이 각각 1만 년을 살았고 그들 각각 사이엔 세상에 아무도 살지 않는 1만 년의 기간이 있었다고 한다. 이 내용은 현 이라크 고원지대의 예지드족의 믿음에서 나온 내용이다. 지구의 나이는 45억 5천 년쯤 된다(석가모니는 22번째 환생하여 마지막 부처로 BC 7세기에 왔다고 함).

　제43話 정여립 모반사건, 즉 기축옥사는 여산 송씨 송익필이 서인 참모로 활동했는데, 자신을 비롯 친족 70(72)인을 환천시키기 위해 동인계 이발과 백유양에게 복수하려고 꾸민 일이라고 하는 설이 있는가 하면 정철(연일 정씨)에 의해 조작했다는 설과 이이가 죽은 후 수세에 몰린 서인들이 대세를 만회하기 위해 꾸몄다는 설(說)들이 있고. 물론 정여립의 기획설 등 아직도 아리송!

第44話 예수 체포 당시 바리새파 아들 이마리옷은 은 70(72)냥을 받고 유다 이스카리옷(가롯 유다로 통칭)이 기록한 내용(두루마리)을 박해 기획자들에게 넘겨주었고 일이 성사될 때 은 30냥을 주기로 해 그대로 실천하고 이마리옷은 후회하고 목매 죽었다고 〈사도행전〉에 기록되어 있다. 그 이마리옷이 가롯 유다로 전해져 참 예수 제자 12명(혹은 14명) 중의 가롯 유다가 오명을 아직도 못 벗고 있다고 하는데….

第45話 1910년 10월 일본 총독부에서 공, 후, 백, 자, 남작위를 76명에게 수여(일본 정부 차원)했는데, 인조반정의 서인 집권 후 주도세력 노론계 후손이 70(72)명이나 된다고 하고 그 외의 인물들은 모두 작위를 거절했다고 한다.

第46話 방송진행자 뽀빠이가 어느 동네 노인마을에 가서(팔도 유람 프로그램) 이런저런 얘기 끝에 사회자 뽀빠이가 이 동네 노인이 지금 몇 명 있느냐고 물었더니 동네 책임자(노인 회장)가 대뜸 하는 대답이 72명이라고, 즉문에 즉답했는데 과연 그 숫자는(2012년 7월 12일 TV 프로그램)?

第47話 〈신지비사〉(글자 수 180字로 됨)에 "조정이 70(72)개국이 항복을 시키시어 영원히 삼한의 독을 보전케 하시도다"라고 기록이 되어 있다.

第48話 자공이 공자에게 "선생님도 점(占)이라고 하는 것을 믿습니까?" 하니 스승 공자 왈, "오백점이칠십당(吾百占而七十當)"이라고. 즉 믿는다. 100번 점을 치면 70번은 맞는다고 했다(고대 점

사의 공통점[占] 확률은 70% 정도는 맞춘다는 기록을 볼 수 있음이다).

제49話 맥박 70(혹은 71, 72)회는 심장의 신축운동에 의한 동맥 안 압력의 주기적 변화와 그것에 따르는 동맥 벽의 운동의 정상적인 기능 수치로서 대동맥에서 모세관까지 전파되므로 신체 및 심장 기능의 정상 여부를 진단하는 중요한 수(number)이다. 그 수는 심장의 박동수와 같아서 위 수치는 어른(정상 사람)의 심장이 매 분 뛰는 수다. 간혹 오르고 내리고 하긴 하지만 말이다.

제50話 삼궁육원칠십이비(三宮六院七十二妃): 왕은 후궁의 수많은 여인 중 누구든 관계를 맺을 수 있다고 하는바 72명은 모두 소화할 수 있을까!

제51話 칠십이찬이무유책(七十二鑽而無遺策): 72번이나 점을 쳤으나 길흉이 모두 들어맞았다는 뜻. 72회에 걸쳐 점을 쳤다는 말로 72란 수엔 뜻은 없고 그 도수가 잦음을 말한 것이지만, 장자는 72란 수를 언급했다.

제52話 2013년 6월 27일 한국 18대 대통령이 중국 국빈 방문 때 수행원 경제인을 72명 대동한 대규모였다. 국내 최고기업 총수들과 중소기업 30여 명이 포함된 멤버로 짜였었다. 또한 중국 10개 국립공원 중 가장 작은 첸장위안 국립공원 숲 안에 72개 마을이 전통방식대로 살아가는 데 이들은 생태계 보호에도 앞장서고 있다. 첸장강(江)엔 42개 물고기 종류가 서식하고 있다.

제53話 가톨릭 교회가 70인 역을 공식 정경으로 인정한 것은 AD 392년 로마교회에서 외경 5권을 가하여 71권을 정전으로 인정하게 됨, 즉 70인(실제 참여인원 72명. 일반적으로 70인역이라 호칭한다는 말임) 역도 히브리 원문 성경과 동등하게 영감으로 기록했다는 것을 인정함인데 신교 66권(신약 27권과 구약 39권)에다 외경 5권이 71권 그리고 70인 역을 공식 인정함에 의미가 숨어 있다.

第54話 이스라엘 왕 예후는 아합왕 아들 70(혹 72)명의 머리를 베어오라고 명(命)해서 왕자들 70명이 잡혀 죽었다.

第55話 로마 교황 프란체스코 2세가 2014년 8월 14~18일 한국을 방문하기 위해 오던 중 기내 취재기자 72명과 일일이 악수했다고 언론 매체는 그 수(72)를 보도하고 있다.

第56話 BC 70(72)년에 다윗의 혈통은 끝났다. 즉 이스라엘 하스모네 왕조가 BC 70년에 망하여 실질적으로 다윗 혈통은 끝났는데, 신학적으로 예수가 다윗 후손으로 정통 왕위를 잇는다는 기독교적 해석이 좀더 필요하다. 그리고 유다는 70년 동안 바빌로니아에 포로생활을 했고, 이스라엘이 AD 70년에 로마에게 완전히 망했다. 그리고 이집트로 내려간 야곱의 후예들은 70명이 420(6×70)년 만에 해방되어 이집트를 나오게 되었다. 이 모든 사건에 의미 수가 등장하고 있다.

第57話 성경에 박식한 톨스토이(러시아 문호)는 70(72)개 학교를 세워 계몽에 앞장섰다.

第58話 BC 5년 5월 염소자리에서 70일 동안 빛을 발했던 혜성의 지난 역사인데, 예수가 BC 4~5년에 태어났다고도 하니 좀더 고찰할 내용이다. 그리고 예수의 태어난 날이 12월 25일이

아님은 공지의 사실인바 태어난 날도 다시 조명이 필요할 듯.

제59화 공자는 〈인생 70 종심소욕 불유구(人生 七十 從心所慾 不踰矩)〉〈인생 70은 고래희의 시구)라고, 다윗은 인생 70세로 삶을 정리했었는데, 강건하면 80이라고 10년의 덤을 주었다.

제60화 터키 휴양도시 안탈리아 인근 15km쯤 지역도시 페르게는 트로이 전쟁 후 세워진 도시로(이주민 그리스인들이 10만 명 정도 거주) 광장(아고라)에는 전차와 검투사 경기로 유명했다. 길이가 234m나 되었고 12,000명 정도 수용했다고 했는데, 이 광장의 출입문이 무려 70(72)개나 되어 규모를 짐작케 했으며 BC 333년 알렉산더대왕에게 점령당하였다.

제61화 사람은 물 안 마시고 72시간 정도 생존 가능하다고 권위 있는 소식통은 말했다. 그리고 사람 몸은 72%(혹 70여%)가 물로 되어 있다고 한다.

제62화 지구 표면의 72%는 바다다. 육지에 산악 또한 72% 정도다. 물론 우리나라 또한 그러하다고 한다. 70(72)%가 물에 뒤덮여 있음이다.

제63화 《구약성경》에 바알 신에게 무릎 꿇지 않은 자가 70명의 10배수 700명을 남겨두었다고 했다(〈롯〉 11장 4절 참고).

제64화 전국시대 후기에 연나라 소왕은 명장 악의가 이끄는 연합군을 거느리고 제나라를 공격했다. 5년 이상 피터지게 싸우다가 결국 70(혹은 72)개 성을 함락시켜 대대적인 승리를 거두었다. 마지막 즉묵과 거 두 성(城)까지 포위했으나 제나라 전단 장군 인솔하에⋯ 연 악의는 조나라로⋯, 반전되어 제는 70여 개 성을 모두 되찾고⋯, 이때 안도(安堵)란 말이 생겼다.

第65話 단군조선(김위선이 말하는 단군조선) 70(72)여 개의 연방국가로써 상경(上京), 중경(中京), 하경(下京)을 두고 다스렸다고 한다 (즉, 삼왕 삼경제[三王 三京制] 채택).

第66話 1930년대 초 조선어학회는 표준어 사정(査定)을 위한 위원회를 72(혹 73)명으로 구성했다. (1933년 1월 충남 아산 온정리에서, 8월 서울 우이동 봉황각에서 그리고 1936년 7월 인천 제1공립 보통학교에서 세 차례 회의가 열렸는데, 서울 경기지역에서 36[혹 37]명, 나머지 36명도 인구 비례에 따라 다른 도 출신에서 위원을 뽑았다.)

第67話 필자가 10여 년 간 한국인 1,500명, 외국인 500명 설문조사 중 기독교인의 70여%가 천국의 존재를 믿는다고 했다. 미국인 마이클 셔머는 그의 저서 《천국의 발명》에서 미국인들의 70여%(74%)가 천국의 존재를 믿는다고 했다. 《앵커 바이블 사전》에 따르면 성경인물 중 에녹, 엘리야, 예수, 바울, 요한만이 하늘 궁창을 답사했다는 기록이 나온다. 예수는 부인했다. 그는 "하늘나라는 너희 가운데 있다"고 했다. 그러나 하늘나라에 가기 전에 알아야 할 내용도 있다. 메시아(예수)의 구속이 완성되어질 기간으로 70주, 70이레가 하나님에 의해 선포되었다고(《다니엘》 9장 24절). 한편, 하늘나라 열쇠를 쥔 예수는 길거리 전도(포교활동) 중 하늘나라 가기에 앞서 행동수칙으로 일흔 번씩 일곱 번(70×7)이라도 용서해주는 넓은 마음(통큰 심보)을 가짐이 자격심사에 좋은 가산점을 받을 것임을 암시했다(《마태복음》 18장 22절). 좀 색다

른 얘기지만 우리나라 여의도 국회의사당 앞 해태 석상 안에 72개의 비밀스런 물건을 넣어두고 있다. 선량들이 정치를 잘해 국태민안에 보탬이 되라고 국민이 염원하는 마음에서!

제68話 중국 푸젠성에 있는 풍경구 중 하나인 우이산(武美山. 무이산)에는 36개 봉우리, 72개의 동굴, 99개의 암산, 그리고 8개의 계곡으로, 천하 풍경구(절경)로선 유명하다. 모두 의미를 부여한 숫자가 나열되어 있다. 특히 이곳엔 주희(주자)의 스승 유자휘의 사당이 있어 백세여견(百世如見: 스승님을 영원히 뵙겠다는 의미)의 편액이 있어 관광객이 끊임없다. 또한 차로도 유명하다. 그래서 일배다 일배자(一杯茶 一輩子: 차 한 잔을 한평생)란 말이 전해지기도 한다.

제69話 중국 안휘성에 있는 천하제일 절경 황산은 명산인바 해발 1,000m가 넘는 72개의 봉우리로 이어져 있으며 1년에 200일 이상 구름에 가려져 운산으로 불린다. 황산에 와보지 않고서 명산(名山)을 보았다고 말하지 말라는 말도 있다. 황산은 기암절벽, 바람, 구름, 소나무 등 사람들의 마음을 올렸다 내렸다 하는 곳으로 비천부양광려폭 초벽탱천괘구룡(飛泉不洋匡麗瀑 峭壁撑天挂九龍), 구룡폭포가 루산폭포보다 더 아름답고 웅장한 모습이라고 노래한 시인도 있다.

그러니까 황산엔 아홉 마리 용이 승천했다는 구룡폭포(9개 총높이 600m)를 비롯해 오지봉, 시신봉 등 멋진 절경과 등소평이 구경하고선 감탄한 서해대협곡 등 참으로 풍광구였는데, 이백이 붓을 던지자 자라난 소나무(영객송) 전설도 생겨난 몽필생화는 산수화를 그리는 화가들이 황산을 보고서야 동양화를 이해할 정도라 평했다. 우리나라 시인 묵객들도 중국의 낭산이나 황산 등을 봐 두어도 도움이 될 것이다.

그뿐만이 아니다. 중국 호북성에 있는 도교사원이 있는 무당산(武當山)이란 명산이 있다(상양市에서 2시간 거리). 이곳엔 72개의 봉우리와 36개의 기암, 그리고 24개의 골짜기가 있어 관광객이 줄을 잇고 있다. 우리가 잘 보는 무협지 배경으로도 잘 알려진 곳이다. 특히 1,612m의 천주봉엔 금전(金殿)이 있는데 문화유산으로 등재된 곳이다(명 영락제 때). 양양시(市) 인근 고강중(古降中)엔 삼고초려로 알려진 제갈량의 사당 무후사 또한 명소다. 어디 그뿐인가. 스위스의 라우트브르넹 계곡엔 무려 72개의 폭포가 곤두박질치는데 아래로 내려갈수록 경치는 어떻고!

第70話 칠레엔 세계에서 가장 건조한 지역인 아타카마 사막(약 105,000㎢ 면적)엔 바위로 된 소금산맥이 있는가 하면, 엘키현 타티오의 (온천인) 간헐천은 살아 있는 지구를 보는 듯한 광경이 펼쳐진다. 그리고 안데스 산맥이 준 선물인 양 엘키계곡은 장관이다. 그런데 타티오 간헐천은 끓을 땐 220°의 높은 열기로 여기저기에 용솟음친 물이 끓어오름을 볼 수 있는데, 쉬지 않고 72곳에서 동시에 연기를 뿜으면서 치솟는다. 화산처럼 말이다. 지구가 살아있음의 증거라도 되는가(간혹 적을 땐 65곳에서, 많을 땐 동시에 75곳에서 물이 끓어오르기도 하지만 말이다)!

제71話 필자가 동독을 지나 베를린 장벽이 철조망으로 얽어 그 누구도 넘지 못하게 해놓은 광경을 1980년대 중반에 본 기억이 어른거리거늘, 벌써 금년(2019년 11월 초순)이 동·서독 장벽 붕괴 30주년 기념식을 하다니…. 그리고 〈탈주 땅굴〉첫 공개까지 하고 있으니 세월과 자연은 쉬지 않고 지나는구나. 그런데 동독에서 서독으로 넘어오려고(1961년에 콘크리트 장벽이 만들어짐) 땅굴 작업으로 목적수행하려는 기획성 땅굴 작업이 무려 70(72)개 있었다고. 이 숫자는 60~70년대에 계속 땅굴을 판 합(合)이다. 결국 장벽이 와르르 소리 난 지가 30년이 되었단 것이다.

　　그럼 우리 쪽으로 가보자. 북한은 땅굴을 파는데 동독인이 땅굴 파는 목적과는 하늘과 땅 차이다. 독일 백성은 민주주의의 중요성의 의미가 빛으로 드러난 쾌사였다면, 북한의 땅굴은 공산주의를 심으려는 불순한 동기 아닌가? 이렇게도 우리의 민족성은 불순물이 섞여서 그러한가? 북한이 72개 땅굴을 파서 남한 전체를 횟감으로 삼으려고…. 어림없다.

　　제72話 공자와 노담과의 대화에서 "저는 시, 서, 예, 악, 역 그리고 춘추의 6경전을 배워 스스로도 오랜 세월 걸렸다고 생각해봅니다만…. 그래서 72나라의 군주에게 채용해 (써)주기를 바랐다"(以奸者七十二君)고 한다(그런데 여기 72란 숫자는 굳이 72란 실수(實數)보다는 많다는 의미를 강조하는 뜻도 있다. 마치 낙화암에서 3,000궁녀라 한 얘기에서 많음의 뜻으로 했듯이 말이다. 조선조에서도 500~600명의 궁녀였는데 당시 백제 의자왕 때 그렇게 많은 여인네들이…. 백성이 많음의 뜻 아닌가!).

책을 내면서

주갑(周甲. 환갑)을 맞은 이후 몇 년까지도 종교적 그물망 속에서 몸부림쳤다. 천도(天道)는 친소(親疎. degree of intimacy)가 있고 자연은 유별(有別)이 있다고 세뇌되었었다.

그러다가 필자 나이 이순(耳順. 60) 중반 넘어서야 천도(天道)는 무친(無親)이고 자연은 불인(不仁)이란 것으로 정리되었다. 그렇다면 땅의 일은 일체유심조(一切唯心造)요, 하늘의 본심은 자연대도(自然大道) 아닐 텐가? 한마디로 요약하자면 하나님과 자연은 누구누구와 더 가깝지도 더 멀지도 않는다는 것이다. 인간 개개인(또는 집단)의 소원이나 기도 그리고 딱한 처지나 불쌍하게 보이는 것과는 전혀 무관하다는 것이겠다. 땅에 숨 쉬는 동안엔 매사가 '인간끼리'의 법(法)이나 질서 테두리 안에서 셈이 된다는 것이다. 화복과 성쇠는 인간 칠정(七情) 영역 내에서 계산된다는 것이다. 그런 연후엔 빈손으로 왔으니까 빈손으로 근원(根源)인 본향으로 향한다.

본서에서 필자는 단호하게 기술하기를, "예수는 하늘(자연)의 질서나 섭리에 순응했고 바울은 대자연무문(大自然無門)에서 일탈했다"고 필자의 속내를 드러냈다. 이 사람이 이렇게 되기까지엔 사연이 있다. 필자는 세계 각국(50개국쯤)을 돌면서 외국인 500여 명, 그리고 한국인 1,500여 명을 상대로 20항 정도의 설문을 가지고 직접 면담했다. 그중에서 창조자와 인류 시조에 대해선 각양의 소리가 나왔고, "죽으면 어떻게"란 질문에서 신앙, 비신앙, 무신론자 등을 불문하고 숨 끊어지면 흙(끝이다)으로 돌아간다고 눈치 보지 않고 토설했다. "가긴 어디 가느냐고요?"였다. 집사람(필자 아내)은 면담 광경을 여러 장면 사진으로 남겼다. 우리 집을 방문해서 그 사진들을 구경해도 좋겠다.

그리고 각자(민족, 부족)가 만든 신(God) 등이 있어 위안을 받는 듯했다(이뤄지지 않음을 알면서도). 전통과 풍습으로 고유의 굽히지 않을 요지부동의 조상의 내림 훈(訓)이 강하였다. 평소 필자는 문화인류학에 관심이 대단했다. 그래서 지구의 속살과 사람의 속마음이 불안함을 알았다. 필자가 예수와 가까울 땐 군대 생활 중에서도 내면의 평정심에 아무런 충동이나 금이 가지 않았다. 심지어 화장실에서도 남몰래 성경을 읽었으니까.

20대 후반 한창일 때 하나님과 은밀한 직거래차(물밑협상) 경북 용문산 산상부흥회(강사 N장로)에 참석, 대박을 노렸지만 돌아온 것은 나 자신의 비웃음으로 보상받았다. 어느 땐가 카이로에 가서는 아브라함, 이삭, 야곱 3대(代)의 가계에 대한 의심을 없애려고 현장에서 광야생활 중 멀쩡한 남자 60만 동족(합 200만 명 이상)의 40년 방랑지를 탐방했지만 필자의 고개가 좌우 왕복운동뿐! 그래서《구약성경》내용이 이스라엘의 역사서요, 민족사서사시임을 간파했다. 다른 민족과는 약간이야 관련이 있을지언정.

이제 필자 칠십오파유여(七十五頗有餘)의 나이(80에 가까이감) 청반노반(靑半老半. 중늙은이 소속)인데, 본서《사기친 바울, 사기당한 예수》가 혹시 손에 잡혀 몇 줄 읽다가 성질나려고 하거든 즉시 쓰레기통에 넣어도 환불은 않는다. 수(數. number)틀리면 욕이나 하고 평정심을 찾으라. 이 책을 꼭 내고 싶은 안달 속에서 용기 내어 책을 펴냈다.

강산이개(江山易改)지만 본성난개(本性難改)인 것을 그대는 알잖나. 어쨌거나 휴한아주보(休閑我走步. 남의 눈치 안 보고 자연인답게 남은 생 보냄)할 테다.

2021년 10월 20일
롱아일랜드 독서당에서 고송

참고문헌

《관자》(김필수 역, 소나무, 2006)
《당시전서》(김달진 역해, 민음사, 1987)
《로마인 이야기》(시오노 나나미, 김석희 역, 한길사, 1976)
《신·구약성경》KJV(킹 제임스 역)
《신·구약성경》 개역
《신이 된 남자》(제랄드 메사디에, 최경란·최혜란 역, 책세상, 2001)
《맹세 언약의 영원한 대제사장》(박윤식, 휘선, 2011)
《요세푸스》1~4(김지찬 역, 생명의 말씀사, 1987)
《장자》(안동림 역주, 현암사, 2004)
《중국의 명시》(김희보 엮음, 가람기획, 1990)
《한국사》(진단학회 이병도 외, 을유문화사, 1972)

대자연 탈출 기계자(奇計者) **사기친 바울** 온 자연현상 인용자(認容者) **사기당한 예수**

초판 1쇄 펴낸날 | 2021년 12월 30일

지은이 | 김기균
펴낸이 | 신영미
펴낸곳 | 하늬바람에 영글다
주소 | 서울시 성북구 장위로 29길 16
대표전화 | (02) 918-7787
e-mail | dayonha@daum.net
출판등록 | 2014년 07월 10일 제307-2014-33호

ISBN 979-11-974051-6-7 03230

2021 © 김기균
※ 이 책의 저작권은 저자에게 있습니다. 서면에 의한 허락 없이 무단 전재와 무단 복제를 금합니다.
※ 잘못 제본된 책은 바꿔드립니다.

값 12,000원